TRAITÉ COMPLET

D'ÉCRITURE

MÉTHODE F. ROCQUEMONT

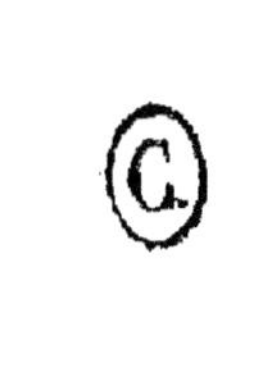

TRAITÉ

DE

CALLIGRAPHIE

EN TOUS GENRES

OU

MÉTHODE INFAILLIBLE

pour arriver promptement à la perfection

DES ÉCRITURES

COMMERCIALE & ADMINISTRATIVE

Contenant, en outre, quelques notions en

MATIÈRE D'EXPERTISE D'ÉCRITURE

Par F. ROCQUEMONT

CALLIGRAPHE – EXPERT – JURÉ PRÈS LES TRIBUNAUX

Et professeur de Dessin industriel

Membre-Sociétaire de l'Institut polytechnique de Paris, auteur de plusieurs ouvrages de Calligraphie, Professeur dans plusieurs Communautés et Institutions, honoré de six Médailles et de Récompenses spéciales pour services rendus à l'enseignement.

VINGTIÈME ÉDITION

PARIS

ET DANS LES DÉPARTEMENTS

CHEZ TOUS LES LIBRAIRES

TRAITÉ DE CALLIGRAPHIE

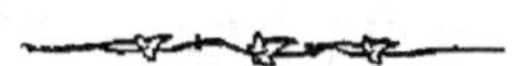

ESQUISSE HISTORIQUE SUR L'ÉCRITURE

L'écriture est un art si utile, si simple et si admirable, qu'on peut dire avec raison que cette invention merveilleuse est un don précieux de la nature et un bienfait du créateur.

L'invention de l'écriture est de la plus haute antiquité, et il serait difficile d'en nommer l'auteur.

Cet art ingénieux n'a pas toujours été au degré de perfection où il est aujourd'hui ; à l'origine des sociétés, les hommes se sont servi de signes et de caractères symboliques pour faire connaître leurs pensées : c'est ce qu'on a appelé l'écriture hiéroglyphique.

De la pensée exprimée par des signes, les hommes furent amenés peu à peu à la découverte des lettres de l'alphabet, qui, combinées entre elles, peuvent rendre non-seulement les pensées, mais les mots et les syllabes dont se compose le langage.

Plusieurs savants attribuent l'invention des caractères alphabétiques aux Égyptiens; d'autres soutiennent, avec plus de vraisemblance, que cette invention est due aux Phéniciens et aux Hébreux (ces derniers étaient désignés souvent dans l'histoire sous le nom de Phéniciens).

Qu'elles vinssent des Phéniciens ou des Hébreux, les lettres de l'alphabet furent importées en Grèce par Cadmus (1582 ans avant Jésus-Christ), d'où elles passèrent en Europe.

Les peuples ayant reçu la théorie de l'écriture, ont beaucoup varié dans la forme, dans l'exécution et dans la disposition des lignes.

Les Chinois, Japonais et quelques autres peuples, ont une écriture perpendiculaire ou allant de bas en haut, et commencent leur page où nous la finissons.

Presque tous les autres peuples ont une écriture horizontale allant de gauche à droite.

On distingue plusieurs genres d'écriture; les principaux aujourd'hui en usage, et que nous démontrons dans cette méthode, sont : la Cursive, la Ronde, la Bâtarde et la Gothique.

Les matières que l'on a employées d'abord pour l'écriture, ont été le bois, la pierre et les métaux. Nous lisons dans l'Histoire sainte que les dix commandements de Dieu furent écrits sur deux tables de pierre; on écrivait aussi sur des rouleaux faits le plus souvent de feuilles d'arbres.

Par la suite, on découvrit l'art d'écrire sur des feuilles de palmier ou de mauve, puis sur le papyrus ou l'écorce d'un arbuste assez semblable au roseau.

C'est du papyrus que nous est venu le nom de papier.

Le papier fait avec du chiffon n'a été connu en Europe qu'au XIIe siècle; mais les Chinois en faisaient usage bien longtemps avant cette époque.

Les instruments dont on se servait pour écrire étaient appropriés aux matières sur lesquelles on écrivait : le cuivre, la pierre, etc.

Ce fut, en premier lieu, un poinçon à graver, et plus tard un stylet; mais comme ce stylet de fer devenait dangereux entre les mains de la jeunesse, on le remplaça par un stylet d'os ou d'ivoire.

Quand on se servit pour écrire de matières moins dures que la pierre et le métal, au lieu de stylet, on employa des roseaux, des plumes d'oie, de canard, de corbeau, dont on fait encore usage; mais on se sert plus généralement aujourd'hui, et avec un très-grand avantage, de plumes métalliques, dont nous donnons plus loin une instruction pour en reconnaître la bonne qualité.

L'encre que les anciens peuples employaient était de différentes couleurs et de différentes compositions. Les Romains faisaient leur encre avec la suie des fours. Depuis longtemps on fait l'encre ordinaire avec une décoction de noix de galle mise en contact avec une dissolution de couperose, puis on y ajoute de la gomme arabique en quantité suffisante pour donner à l'encre une consistance convenable.

Malgré tous les changements qu'on a fait subir à l'écriture, on peut dire encore aujourd'hui que l'enseignement de cet art est plus ignoré qu'on ne le pense généralement, car la plupart des personnes qui s'y livrent, loin d'avoir en calligraphie quelque talent, ne se doutent même pas du genre de travail que cet enseignement exige. Pour ces personnes, l'art n'est qu'accessoire : ce qui les préoccupe avant tout, c'est de se créer une position lucrative. De là ce grand nombre de professeurs qui enseignent cet art de première utilité avec les modèles d'autrui, sans avoir la moindre connaissance des vrais principes démontrés par les meilleurs calligraphes.

Avant de se faire professeur, il faut avoir médité l'œuvre de ses devanciers, en s'entourant des meilleures productions des auteurs en calligraphie; eh bien, sur les trois mille professeurs d'écriture qui exercent en France, il n'y en a peut-être pas trois cents qui aient vu, une fois en leur vie, une pièce de Rossignol, de Hénard, de Tardieu, de Lesaëc ou de Taupier, et qui ne voudraient pas même faire la moindre démarche pour en voir. D'après cette indifférence, même de ceux qui vivent de la profession d'écrivain, on ne doit pas s'étonner si l'écriture est encore aujourd'hui si mal enseignée.

Notre écriture cursive nationale est une écriture mixte qui tient de l'italienne, de notre bâtarde-coulée, et de l'écriture hollandaise, dite improprement anglaise (1); mais telle que nous l'enseignons aujourd'hui, elle est essentiellement française par son caractère ouvert, par la forme de certaines lettres qui tiennent de notre bâtarde-coulée; telles que : *d, o, p, r, t,* et par son liaisonnage couché presque horizotalement; malgré cela, on peut encore étudier avec fruit les formes gracieuses des maîtres de toutes les nations qui ont publié de beaux modèles d'écritures, gravés avec une grande précision, mais dont les formes cambrées laissent à désirer sous le rapport de l'enseignement et surtout sous celui du mode d'exécution. (C'est ce qui nous a fait abandonner les méthodes d'écriture dite anglaise pour nous créer une écriture mixte nationale, plus expéditive, plus correcte dans son exécution rapide, et surtout plus commerciale ; cette écriture est celle que nous nommons *Rapidégraphie,* vulgairement connue sous le nom de *cursive.*)

Un grand nombre de cahiers d'écriture moderne ont été publiés en Europe; quelques-uns ont joui d'un grand renom, et parmi ceux qui ont paru depuis le commencement du XIXe siècle, et qui sont dignes d'être examinés, nous citerons :

(1) On écrivait ce genre à Amsterdam plus de cinquante ans avant qu'on ne l'écrivît à Londres.

Buterworth, de Londres, calligraphe dessinateur d'un grand mérite.

Thomas Tomkins, Milns, Champion, Paton, Alkinson, Gowinloch, professeurs distingués pour le perfectionnement des écritures à main posée; mais, tout en rendant hommage à leur talent, nous devons dire aussi que ces calligraphes anglais faisaient usage de la plume comme le font les lithographes (c'est-à-dire qu'ils dessinaient et retouchaient les lettres).

Carstairs, professeur d'un haut mérite, fut le premier novateur qui s'occupa de combiner les principaux mouvements de la main avec celui des doigts. Sa méthode, dont la première édition date de 1814, a été pratiquée quelque temps à Paris par son estimable élève Audoyer.

A cette époque, plusieurs professeurs la propagèrent dans les principales villes de France; quelques années plus tard, Thémery, professeur à Paris, publia une traduction complète de cette méthode, et c'est justice de rendre hommage à ce traducteur et à la mémoire du méthodiste Carstairs, qui donnèrent l'un et l'autre un nouvel essor aux progrès de l'écriture cursive.

Beaucoup d'autres cahiers d'exercices gradués ou non gradués ont paru depuis la publication de l'ouvrage dont nous venons de faire l'éloge; mais comme ils nous paraissent moins bons, nous n'en ferons point l'examen critique; car, suivant nous, chaque méthode a quelque mérite. Nous ne citerons donc maintenant, dans l'intétêt de l'art et dans l'intention d'être utile aux personnes qui se livrent à l'enseignement, que les noms des calligraphes français les plus distingués, et dont les productions sont dignes d'être consultées.

Baron, de Paris, auteur de bons modèles d'écriture d'une exécution hardie, professeur très-expérimenté dans les moindres détails de son art; il est à regretter cependant que cet habile calligraphe et excellent camarade, qui possédait tant de belles pages en calligraphie, n'ait rien écrit sur les remarques qu'il a dû faire dans sa longue et laborieuse carrière de professeur hors ligne.

Saintomer, de Paris, calligraphe profondément instruit des règles de son art : son traité d'écriture dit graphométrie de ronde bâtarde et coulée, peut être considéré comme un des meilleurs en ce genre. Les exemplaires de cet ouvrage, imprimés sur papier format raisin, sont très-rares aujourd'hui ; pour nous, nous en devons la possession à son élève, notre estimable collègue en expertise d'écriture, M. Ballin, Chevalier de la Légion-d'Honneur, secrétaire de la Société Maternelle de Rouen.

Silvestre, calligraphe - dessinateur, à Paris, nommé Chevalier de la Légion - d'Honneur par Louis-Philippe Ier, pour services rendus par lui à l'art calligraphique, auteur de plusieurs albums alphabétiques très-soignés et gravés par l'artiste Girault, dont le mérite est bien apprécié par les connaisseurs en gravure.

J. Midolle, calligraphe-dessinateur d'un grand mérite, auteur de plusieurs albums très-soignés. — Greiner, calligraphe-dessinateur et graveur.

H.-J. Ipens, calligraphe-dessinateur, élève et imitateur du célèbre Tomkins, auteur de beaux modèles exécutés avec une rare précision, mais plutôt dessinés qu'écrits.

Taupier, à Paris, un de nos plus habiles calligraphes, auteur de bons ouvrages sur l'écriture, méthodiste aussi profond que professeur hors ligne. Ajoutons que cet artiste est aujourd'hui l'heureux possesseur de la collection de M. Baron, chefs-d'œuvre de calligraphie des plus habiles écrivains des XVᵉ, XVIᵉ, XVIIᵉ, XVIIIᵉ et XIXᵉ siècles, tels que : Guillaume Legagneur, secrétaire ordinaire de la chambre du roi, 1599, auteur d'un alphabet d'écriture française ronde, publié à la fin du XVIᵉ siècle; Barbe-d'Or; Raveneau, fameux maître écrivain expert, auteur d'un traité des Inscriptions en faux; Le Bé, auteur de l'écriture bâtarde; Allais de Beaulieu; Sauvage; Rossignol, auteur de l'écriture coulée, fameux maître d'écriture de Paris, mort en 1736; il fut employé, du temps de la Régence, à écrire des billets de banque. On a gravé d'après ce maître, le premier de l'Europe dans son art; il a été du moins le plus grand peintre en écriture qu'il y ait eu en France (*Biographie G. Peignot*); Glachand, Roland; Tardieu; Bernard; Paton; Gallemand; Charme; Saintomer; Rollet; Dautrèpe; Bourgoin; Paillasson; Defargues; Bertrand, et autres artistes à qui le génie a inspiré tant de belles choses, qu'on ne saurait trop recommander aux amateurs et à quelques professeurs même, l'étude de ces grands maîtres. Pour donner une idée de ces excellents modèles, il suffit de dire ici qu'ils ont une valeur de plus de 6,ooo fr. — Cette belle et riche collection, je le répéte, a été recueillie à grands frais par le célèbre calligraphe Baron, surnommé le père de l'écriture anglaise moderne, qui l'avait dédiée à tous les professeurs pour être publiquement exposée et entretenue à leurs frais; mais les héritiers de cet artiste ont traité directement avec M. Taupier, lequel, du reste, est toujours disposé à étaler ces belles pages sous les yeux des artistes qui lui en font la demande.

Nous sommes heureux aussi d'avoir un recueil de pièces d'écritures manuscrites par quelques-uns des artistes ci-dessus nommés, et ce sera toujours avec plaisir que nous les ferons voir aux amateurs. Mais revenons à la nomenclature des professeurs contemporains.

Fouqueur, artiste calligraphe, auteur de plusieurs jolis tableaux exécutés à main levée durant les séances publiques qu'il donnait à Paris, au Palais-Royal, en 1814.— On peut voir chez nous un de ces jolis tableaux, qui nous a été donné par notre estimable ami M. Mocquerys, chirurgien-dentiste, entomologiste et graveur en taille-d'épargne, à Rouen, en présence duquel ce tableau a été exécuté.

Th. Delarue, écrivain-expert, assermenté près

la Cour impériale de Paris, attaché à la Banque de France. — Cet expert distingué, avec lequel nous avons eu l'honneur d'être commis plusieurs fois (à l'effet, par nous, de procéder à des vérifications d'écriture très-importantes), est à juste titre considéré comme un des plus habiles et des plus instruits dans cet art, plus positif qu'on ne le croit généralement. Aussi, c'est avec une vive impatience qu'on attend de **M.** Delarue un ouvrage complet en matière d'expertise d'écriture, auquel il travaille depuis plusieurs années....

CREUSE, à Paris, calligraphe aussi profond pour la science de l'art qu'exécutant des plus remarquables.

LESAEC, à Paris, calligraphe des plus distingués : exécution franche et correcte, justesse de mouvement, effets de plume irréprochables, qualités constitutives de talent acquises par l'expérience et par l'étude. Heureux qui possède de ses modèles ! Pour nous, nous nous souvenons avec un plaisir mêlé de reconnaissance d'avoir reçu quelques bons conseils de cet excellent artiste, habile professeur et bon camarade.

WERDET père, de Paris, cahier de modèles gravés et perfectionnés par PIQUET.

Mlle WERDET, de Paris, excellente calligraphe, décorée de l'empereur de Russie pour la propagation, à Saint-Pétersbourg, de sa méthode de calligraphie, auteur des modèles de la correspondance commerciale.

REGNIER, à Paris, professeur expérimenté et auteur d'une méthode qui a contribué à améliorer l'écriture expédiée.

LAMARCHE, professeur à Paris, bon à consulter.

DE PETITEPIERRE, à Paris, méthode facile avec des recommandations bonnes à consulter.

BERLINER, calligraphe-dessinateur, à Paris, auteur de plusieurs jolis tableaux en calligraphie.

LETELLIER, à Rouen, bons modèles gravés par LANSRAUX.

BASSE aîné, à Rouen, élève de Baron, professeur expérimenté, auteur d'un cahier d'écritures en tous genres, gravé par LANSRAUX.

FAVARGER, calligraphe-expert, à Paris, auteur d'une méthode d'écriture anglaise qui a fait école, camarade très-communicatif et des plus obligeants, qui mérite l'estime de tous ceux qui le connaissent.

TEXCIER, à Lorient, excellent calligraphe, élève de Lesaëc, bon à consulter.

RIVET, à Paris, modèles d'écriture cursive bons à imiter à demi-main levée. Ce professeur distingué a publié une méthode de superposition préparée pour les commençants, qui peut être placée au premier rang dans ce genre méthodique, genre bien connu, du reste, car il a été employé à toutes les époques, ce qui n'empêche pas les nouveaux venus de s'en attribuer l'invention.

PETIT, à Rouen, professeur expérimenté, excellent calligraphe en ronde, formé à la méthode Rossignol.

DUVAL, à Rouen, bons modèles d'écriture expédiée gravés par Enault, de Rouen. Tous les modèles de ce professeur sont empreints d'une hardiesse d'exécution qui n'appartient qu'à la bonne école.

DECAUX, calligraphe expert, à Rouen, formé à la nouvelle école. — Exécution franche et bien caractérisée...

RUTHOWSKI, à Paris, calligraphe polonais distingué dans le nouveau genre d'écriture cursive, formé à l'école Lesaëc.

PHILIPPE, du Havre, professeur expérimenté, genre Favarger. Exécution franche et correcte.

CASSAGNE, à Rouen, calligraphe-dessinateur, élève de Richemont, distingué dans le genre gothique moyen-âge. — Voir ses cachets de première communion.

F. PILLON, professeur distingué au collège de Troyes, auteur d'un cahier d'écriture posée et d'une méthode pour écrire de la main gauche.

FAUVEL, de Caen, auteur d'un cahier d'écriture gravé par Lansraux. — Collectionneur de pièces d'écriture, très-zélé.

DURNERIN, à Paris, calligraphe-expert, professeur au lycée Louis-le-Grand.

N'oublions pas de mentionner un petit Cours d'écriture à l'usage des écoles chrétiennes, et tous les modèles écrits par le bon frère VICTORIN, dont la gravure a été confiée au talent hors ligne de notre excellent ami et maître en gravure, M. Alp. COL-LIAR, de Paris, lequel, par la douceur de son burin, sait donner à tous ses travaux un fini qui ne laisse rien à désirer. Ces modèles et cahiers contiennent des exercices gradués très-bons à faire copier aux jeunes élèves ; du reste, il est bien reconnu aujourd'hui que l'enseignement de cet art dans les écoles chrétiennes est excellent.

On pourrait encore mentionner les cahiers de MM. Dubourque, Julien Lépinay, Madaule, Alimon, Parmentier, Marcillet, Dorange, Loubens, Suret, Colombel, Cornevin, de Manne, Paumier, Taiclet, Chouilloux, et tant d'autres publications calligraphiques modernes, qui toutes renferment des modèles exécutés avec soin, je le veux bien ; mais la plupart de ces productions ne présentent au public que des cahiers d'exemples muets ou des transparents destinés à être calqués ; et, sous ce rapport, ces transparents et cahiers doivent être considérés comme des types imparfaits, qui ne servent qu'à suppléer à l'insuffisance des maîtres.....

C'est dans l'espoir de remédier à ces obstacles que nous donnons ci-après les principes simplifiés de notre méthode et de tous les genres d'écriture classique, commerciale et administrative, qu'on pourra étudier avec avantage sur nos modèles d'écriture en tous genres.

Nous ne nous sommes proposé que d'être utile, comme on le voit à la simplicité de ce qui précède : c'est pourquoi nous serons toujours prêt à accueillir les personnes qui auraient à nous consulter ou à nous faire des observations d'un certain poids, relatives à l'enseignement ou à notre nomenclature.

Quelques critiques trouveront peut-être à redire sur cette nomenclature, parce que nous sommes le premier qui traitons ce sujet, mais nous n'avons écrit ces instructions, ni pour les critiques, ni pour les professeurs qui trouvent toujours à redire sur tout ce qui ne sort pas de leur plume, nous les avons écrites pour la généralité des instituteurs qui se livrent à l'enseignement de cet art, afin que chacun soit bien fixé sur le choix à faire des bons modèles qu'on peut mettre sous les yeux des élèves.

PREMIÈRE PARTIE

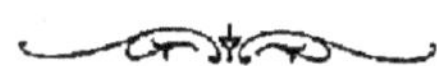

ÉCRITURE CURSIVE

COMMERCIALE ET ADMINISTRATIVE

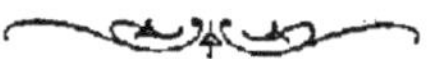

MÉTHODE F. ROCQUEMONT

Artem experientia fecit.

Cette Méthode de Calligraphie, dont nous offrons aujourd'hui au public une vingtième édition, est le résultat d'une longue expérience, et quoiqu'elle soit maintenant bien appréciée par les amateurs d'écriture rapide, nous osons assurer qu'elle est destinée à être généralement suivie pour le perfectionnement des écritures commerciales et administratives; aussi, depuis la première édition, qui date de 1845, en paraît-il souvent avec les mêmes similitudes, mais toutes différentes; la plupart de ces méthodes ne présentent que des lettres isolées ou liaisonnées sans uniformité. Les méthodistes ont compris l'avantage de notre système d'exécution, mais non la méthode d'enseignement, et si nous sommes plus explicite dans cette édition, c'est que, convaincu comme nous le sommes de l'immense avantage de notre enseignement, nous voulons en donner au public la clé, la connaissance si utile pour toutes les classes de la société.

Principes de Position

Ayant choisi une table horizontale ou à pupître, l'élève devra s'asseoir parfaitement d'aplomb, le corps tourné dans le sens de la pente de l'écriture, lequel ne devra pencher ni à droite ni à gauche. Il faudra bien faire attention à ce que chaque élève ait une place suffisante : il faut au moins soixante centimètres pour un élève de huit à douze ans, et pour les plus âgés, soixante-cinq environ.

L'avant-bras gauche sera placé en ligne oblique de toute sa longueur sur la table, on évitera de trop avancer le coude, parce que cela entraînerait le corps et gênerait la position de la main, laquelle devra·être placée sur le papier, à la hauteur de la main droite.

L'avant-bras droit devra être posé aux trois-quarts de sa longueur sur la table, sans s'y appuyer fortement, de manière qu'il soit toujours dans une direction perpendiculaire à la base du papier, lequel doit être placé aussi dans une direction d'un rayon de gauche à droite d'environ 3o degrés, afin de faciliter le mouvement du bras droit, si nécessaire à l'exécution des liaisons et à la direction des lignes.

Tenue de la Plume et Position de la Main

La main droite doit tenir la plume sans trop la serrer, par l'extrémité des trois premiers doigts, le plus près possible des ongles du pouce et du médius,

L'avant-bras droit devra être posé aux trois quarts de sa longueur sur la table, sans s'y appuyer fortement, de manière qu'il soit toujours dans une direction perpendiculaire à la base du papier, lequel doit être placé aussi dans la direction d'un rayon de gauche à droite d'environ 3o degrés, afin de faciliter le mouvement du bras droit si nécessaire à l'exécution des liaisons et à la direction des lignes.

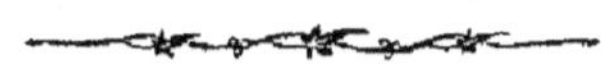

Tenue de la Plume et Position de la Main.

La main droite doit maintenir la plume, sans trop la serrer, par l'extrémité des trois premiers doigts, le plus près possible des ongles du pouce et du médius, lesquels devront être arrondis légèrement, afin qu'ils puissent se tendre ou se replier suivant le besoin.

Le doigt médius devra se placer au côté droit de la plume, à 12 millimètres de l'extrémité de sa pointe, pour éviter de se tacher d'encre et pour faciliter le mouvement de la main. La place de l'index est naturellement à côté du médius. Le pouce, plié sans raideur, doit se placer au milieu de la première phalange de l'index, pour soutenir la plume avec fermeté, sans la serrer fortement.

Pour que la plume ne déchire point le papier, on aura soin de la tenir penchée, de manière que la partie supérieure du porte-plume soit placée constamment contre la dernière articulation de l'index.

Les deux derniers doigs réunis, et tendus avec fermeté sous le médius, devront poser de manière à soutenir la main en équilibre sur l'extrémité des ongles, et glisser aussi légèrement que le bec de la plume glissera sur le papier, ce principe bien observé donnera plus de sûreté à la main, et aidera son mouvement plus que si la main glissait sur la surface des ongles ou sur le bout du petit doigt; on pourra cependant, selon ses dispositions naturelles, adopter l'une ou l'autre de ces trois positions; mais dans l'une comme dans l'autre position de la main à volonté, on aura bien soin que le poignet ne touche jamais la table, afin de lui permettre de suivre tous les mouvements de la plume. — On devra se conformer à ces principes sans aucune exception ; car le mouvement simultané du poignet, des doigts et de l'avant-bras, est la clé infaillible d'une bonne écriture expédiée.

La plume étant ainsi tenue, sans le moindre renversement de la main, ses deux extrémités devront se trouver dans le parallélisme des deux côtés verticaux du cahier, pour que les deux parties de sa pointe ouvrent horizontalement, c'est-à-dire que les carnes de la plume soient dans la direction de la ligne d'écriture ; en la posant ainsi très-légèrement sur le papier, on produira facilement les trois effets de plume : 1º Le plein, qui est un trait soutenu produit par l'appui des deux parties du bec de la plume sur le papier ; — 2º Le délié, qui est un trait menu produit par le tranchant de la plume et qui est dû à une diminution de pression à la suite d'un plein liaisonné dessous, ou à une augmentation de pression du bec de la plume sur le papier, avant d'arriver au plein liaisonné dessus ; — 3º La liaison est un petit trait fin, vif et léger, qui unit ensemble les caractères, et dont la direction est due au mouvement du poignet, lequel doit se diriger à droite en le

glissant légèrement, nous le répétons, sur l'extrémité des ongles des deux derniers doigts.

<hr>

Position du Papier.

L'angle gauche du cahier doit toujours être
placé en face de la hanche droite. Il faut éviter
que le haut du cahier soit trop incliné vers la gauche, parce que cela gênerait le mouvement du bras
droit, lequel doit être posé comme le cahier dans
la direction d'un rayon de 3o degrés, comme nous
l'avons déjà dit. — Le professeur qui dirigera l'élève
devra s'assurer si tous les mouvements s'exécutent
sans aucune gêne. Pour cela, il aura soin de super-
poser sa main sur celle de l'élève, et de lui faire écrire
plusieurs lignes en faisant agir la main suivant le
besoin du mouvement propre aux lettres qu'il lui
fera former, enfin il lui indiquera les moyens infail-

libles pour exécuter facilement tous les mouvements de la main qui conduisent à une exécution franche et facile.

Avant de commencer à écrire, il est on ne peut plus essentiel qu'on soit bien fixé sur les principes de position, la tenue de la plume, telle que nous venons de le démontrer, et aussi sur la pente de l'écriture, laquelle se trouve naturellement fixée d'après la position du bras droit ci-dessus indiquée, à la diagonale d'un carré.

EXEMPLE.. . . . . . 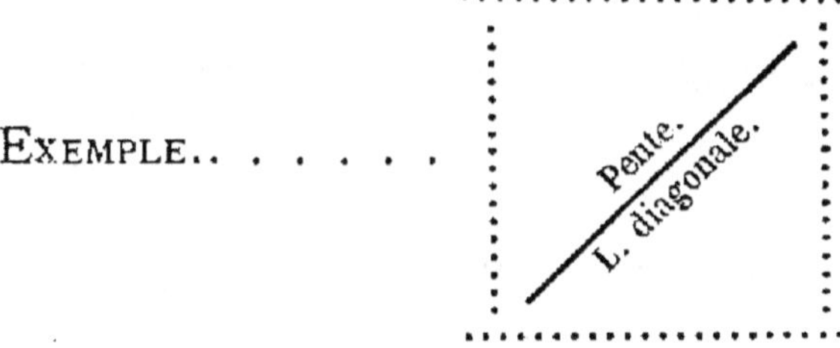

DIVERS MOUVEMENTS.

On ne distingue, dans l'écriture, que quatre mouvements ; il y en a cependant davantage. Les quatre principaux sont : 1º le mouvement des doigts applicable aux lettres minuscules bouclées ; 2º le mouvement du poignet combiné avec le précédent, est surtout avantageux dans l'écriture expédiée, dont il fa-

cilite l'accélération ; 3º le mouvement de l'avant-
bras qui sert avec avantage à donner la direction aux
lignes ; 4º le mouvement du bras qui sert dans l'exécution des lettres capitales, des passes et des traits
d'ornementation.

Choix des Plumes métalliques.

Il faut choisir des plumes flexibles qui ne coupent
point le papier. Pour que les plumes métalliques
réunissent ces avantages, il faut qu'elles soient en
bon acier bien laminé, que les carnes soient réduites
également et à la plus grande finesse, que la fente
soit longue et bien serrée ; il faut que la perce soit à
la hauteur où les carnes commencent à s'évider, afin
que la fente soit assez longue pour donner à la
plume une action moelleuse, de telle sorte qu'en ou-
vrant cette fente d'un millimètre, la portion qui cor-
respond à la perce ne s'entrouve pas ; dans le cas

contraire, la plume perd son action flexible et n'a aucune durée. — Une plume bien fendue, taillée et fabriquée d'après les indications de notre méthode (1) facilite non-seulement l'exécution de l'écriture, mais fait mieux ressortir la vigueur des pleins. — Les plumes bronzées résistent plus longtemps aux acides contenus dans la plupart des encres que les plumes blanches ; aussi celles qui reçoivent en plus une seconde trempe, « avec une infusion de pur carbone, (2) » sont généralement de très-bonne qualité parce que cette infusion pénètre dans la première couche et rend la plume tout-à-fait inoxydable. (Ces plumes sont faciles à reconnaître par leur teinte d'un gris mat ; elles sont connues dans le commerce sous le nom de plumes carbonées).

Quelques personnes se plaignent de ne pouvoir écrire avec les plumes métalliques, cela vient : 1º de ce que ces personnes ne prennent pas la précaution de mouiller la plume et de l'essuyer ensuite afin qu'elle puisse garder l'encre ; 2º la plupart des personnes ne posent pas le bec de la plume d'aplomb

---

(1) Plume Roquemont. Nº 922. — 0247. — Se trouve à la papeterie classique, rue de la Grosse-Horloge, 87.

(2) Cette expression est peut-être un peu hasardée, mais les fabricants de plumes prétendent qu'il en est ainsi.

en ligne horizontale sur le papier; la meilleure plume ne peut alors produire que de mauvais pleins et couper le papier en remontant les liaisons. Qu'on s'applique à la tenue de la plume telle que nous la démontrons ci-après, et l'on reconnaîtra que les plumes métalliques réunissent plus d'avantages que les meilleures plumes d'oie, quand on sait bien s'en servir.

PREMIÈRE LEÇON.

DÉFINITIONS PRÉLIMINAIRES.

Toutes les lettres de l'alphabet de cette écriture se composent de deux parties distinctes, qui sont : le plein, produit par le tranchant de la plume, et un petit trait fin, vif et léger, appelé liaison, produit par le côté droit de la plume, ajouté au plein pour déterminer la forme de chaque lettre, dont nous donnons ci-après la démonstration simple et facile à saisir, en prenant pour base de construction, les six lettres radicales : *i, m, o, c, l, j, (Voyez l'Alphabet, planche* 1re*).*

Les personnes qui n'ont jamais mis la main à la plume devront, avant de passer aux exercices de perfectionnement d'écriture expédiée, apprendre à former chaque lettre séparément dans l'ordre ci-après démontré en copiant fidèlement le premier modèle jusqu'à bonne imitation. EXEMPLE : l'*a* est formé d'un *c* et d'un *i*. — Le *b* est formé d'un *l* et de la droite d'un *o*. — Le *d* est formé d'un *c* et d'un *i* prolongé d'un corps d'écriture. — L'*e* est formé d'un *c* auquel on ajoute une petite courbe qui forme boucle à sa partie supérieure. — L'*f* est formé d'un *l* prolongé par le bas d'un corps et demi d'écriture continué par une rondeur liaisonnée qui vient se perdre dans le plein au milieu du corps d'écriture. — Le *g* se forme d'un *c* et d'un *j*. — L'*h* est formé de *l*, moins la rondeur déliée du bas et de la dernière partie d'un *m*. — Le *k* se forme du *j* renversé, première partie de l'*l* et du dernier jambage d'*m*, surmonté d'un délié allant à droite et au bout duquel on fait un petit bouton. — L'*n* est formé des deux derniers jambages d'*m*. — Le *p* est formé d'un jambage droit ayant deux corps et demi de longueur, auquel on ajoute la dernière partie d'un *m*. — Le *q* se compose d'un *c* et d'un jambage droit prolongé d'un corps d'écriture par le bas. — L'*r* est formé à l'aide d'un dernier jambage d'*m*, commençant par un petit bouton, un bec de plume au-dessus du corps d'écriture. — L'*s* est formé d'un *c* renversé, surmonté d'un petit délié qui doit dépasser un peu le corps d'écriture. — Le *t* n'est qu'un *i* prolongé d'un demi-corps d'écriture. — L'*u* est formé de deux *i*. — Le *v* est formé du dernier jambage d'*m* et de la droite d'un *o*. — L'*x* est formé de deux *c* dont le premier est renversé. — L'*y* est formé à l'aide du dernier jambage d'*m* et d'un *j*. Cettre lettre, en résumé, n'est autre chose qu'un *h* retourné. — Le *z*, qui ne dépasse pas le corps d'écriture, est formé d'un petit bouton semblable à celui qui commence un *r*, il est continué par un délié en ligne droite dans la pente de l'écriture et terminé par un dernier jambage d'*m*, n'ayant que le tiers de la hauteur de la lettre. (*Voyez l'Alphabet, planche* 1re, et faites au moins cinq lignes de chaque lettre).

Questions à poser aux élèves après leur avoir fait lire les pages précédentes.

Doit-on s'appuyer contre la table en écrivant? —

Comment doit-on placer les pieds? — Comment doit-on placer le bras et la main gauche? — Le bras droit doit-il être appuyé fortement sur la table? — A quoi sert principalement le mouvement du bras? — Doit-on serrer la plume en écrivant? — Quel est la meilleure manière de placer la plume entre ses trois premiers doigts? — Comment doit-on poser la plume pour qu'elle ne déchire pas le papier? — Comment faut-il placer les deux derniers doigts pour faciliter le mouvement de la main? — Quelle direction doivent prendre les deux extrémités de la plume en la posant sur le papier? — Comment doit-on poser le papier? — Comment la pente se trouve-t-elle fixée? — De quoi se composent toutes les lettres de l'alphabet de l'écriture cursive selon notre méthode? — Par quelle partie du bec de la plume produit-on les pleins? — Sur quel côté de la plume trace-t-on les liaisons? — Quel est l'élément principal de l'écriture? — A quoi servent les exercices supplémentaires? — Combien y a-t-il de lettres radicales? — A quoi servent les lettres radicales? — Analysez toutes les lettres en les composant au tableau noir, et expliquez-nous comment on peut les les former à l'aide des six radicales i, m, o, c, l, j.

Maintenant que vous voilà bien fixé sur les prin-

cipes de position, la tenue de la plume, la pente de
l'écriture et sur la manière de former toutes les lettres à l'aide des radicales, vous pouvez passer à
l'exécution de nos exercices CALLIGRAPHIQUES d'expédiée, dont voici l'ordre et leur utilité.

Comme nous vous l'avons déjà dit, ayant pour but
de faire acquérir par la pratique de notre méthode, un
mouvement rapide et régulier, vous commencerez
par tracer séparément chacun de nos exercices,
contenant de simples caractères largement espacés,
lesquels devront être exécutés successivement par
le mouvement du poignet combiné avec celui de
l'avant-bras. — Ensuite, vous passerez aux lignes
d'une écriture très-large et vaporeuse, que vous
devrez exécuter par le mouvement principal du
poignet en le glissant horizontalement vers la droite.
C'est sur ces lignes d'exercices d'une exécution gra-
duellement resserrée que vous devez acquérir le
mouvement.

Ayant obtenu le mouvement graphique rapide
sur les exercices préparatoires, combinés d'une manière progressive et uniforme sur les six lettres radicales *i, m, o, c, l, j,* vous passerez aux modèles
de mots classés par ordre *alphabétique,* dont l'écriture encore un peu large vous entretiendra la main

dans le mécanisme du principal mouvement qui donne la vie, pour ainsi dire, à l'écriture expédiée. Puis enfin, comme résultat définitif d'une belle écriture commerciale, vous passerez à la formation des lettres majuscules dont vous ferez seulement quelques lignes de chaque caractère en vous conformant exactement aux modèles et aux principes ci-après démontrés ; ensuite, pour les étudier avec fruit et les répéter avec plaisir, vous passerez aux modèles composés de mots ayant des majuscules pour initiales. — Les modèles qui suivent ces exercices sont composés de phrases d'une écriture plus serrée, mais toujours vaporeuse ; vous devrez les copier très-exactement en soignant la forme, sans négliger le mouvement graphique très-rapide, 208 du métronome. — C'est en suivant cette marche progressive et en observant sérieusement, sans passer une seule ligne, les démonstrations appliquées à chaque leçon, que vous arriverez d'une manière certaine et en très-peu de temps à écrire aussi bien, aussi régulièrement et aussi rapidement que possible.

DEUXIÈME LEÇON.

L'alphabet placé en tête du premier modèle que nous venons d'analyser est disposé, vous le savez, de manière à faire comprendre à première vue que les six lettres radicales *i, m, o, c, l, j,* sont celles qui servent à former les autres lettres, dont l'*i* est la base unique; partant de ce principe, vous commencerez à copier l'exercice d'*i* largement espacé, lequel, par sa disposition, vous donnera forcément le mouvement du poignet en exécutant les petits jambages d'*i*, et celui de l'avant-bras en allant de gauche à droite pour produire les liaisons.

Lorsque vous ferez la radicale *i*, que j'appelle esquisse ou base unique de lettres, combinez le mouvement de l'avant-bras avec celui du poignet pour faire le plein; puis, pour produire le délié et la liaison, soulevez un peu la plume à la base par un léger mouvement ascendant du poignet et figurez-vous que vous tracez les lettres qui sont dessous. Dites, en faisant chaque plein, *e, c, r, i, v, e, z;* puis, en faisant les lettres, figurez-vous que vous faites les jambages d'*i* placés à égales distances et auxquels vous ajoutez des liaisons plus ou moins courbes pour déterminer la forme (de l'esquisse à la forme des lettres il n'y a qu'un pas); que les pleins soient droits dans une direction oblique de 45 degrés et que les liaisons soient légèrement arrondies et bien dirigées à droite par le mouvement de la main et du bras, voilà ce qu'il faut surtout s'attacher à bien observer dans le mouvement 120 du métronome.

Quant aux exercices (base unique des caractères et du mécanisme) placés en tête de ce deuxième modèle, étant destinés à être calqués ou repassés un grand nombre de fois, il serait superflu d'en faire ici une démonstration, puisqu'il suffira de suivre très-exactement cette figure elliptique et les caractères d'écriture moyenne avec une plume sans encre pour arriver à donner plus d'extension aux divers mouvements de la main.

Faites attention au parallélisme des lettres, à l'égalité des distances, à la marche régulière du bras et à la légèreté de la main; que les deux derniers doigts touchent à peine le papier, écrivez en mesure, mouvement 120 du métronome, en comptant 1 sur le plein, temps fort, et 2 en soulevant un peu la main pour faire la liaison, temps faible.

Questions sur la deuxième Leçon.

Combien y a-t-il de lettres radicales ? — A quoi servent les lettres radicales ? — Expliquez comme quoi les six lettres radicales concourent à la formation des autres lettres. — Quels mouvements devez-vous employer pour faire l'exercice de la première leçon ? — Doit-on faire les lettres pointues ? — A quoi devez-vous penser quand vous faites les i ? — Quand vous formez les lettres, à quoi devez-vous vous attacher principalement ? — Sur quelle partie de la lettre doit-on compter le premier temps ? — Quelle mesure du métronome devez-vous suivre pour cette leçon ? — A quoi sert l'exercice placé en tête de ce modèle ? — De quoi sont formés les chiffres de la deuxième série ?

TROISIÈME LEÇON.

L'esquisse de cette leçon se compose de vingt-cinq i placés à distance double ; vous avez en plus à étudier et à bien combiner le mouvement du poignet,

qui doit exécuter toutes les liaisons par son trans-
port vers la droite, c'est-à-dire que le mouvement
du poignet, qui est l'âme de l'écriture expédiée et la
clé de ma méthode, remplace celui du bras que vous
avez étudié dans la deuxième leçon, uniquement
pour combattre le défaut naturel qu'on a généralement de trop s'appuyer sur le bras droit. — Le
mouvement simultané du poignet et des doigts vous
donnera en peu de temps une appliquée libre, moelleuse et de facile exécution, si vous prenez la ferme
résolution de faire au moins dix pages des exercices
de cette leçon, en commençant naturellement par
les liaisons horizontales placées en tête de ce modèle,
dont l'exécution simple n'a besoin d'aucune démonstration. Ne renversez point la main vers la droite
en terminant les lignes ; ayez soin que toutes les
lettres conservent l'apparence d'*i* placés à égale
distance ; glissez la main bien légèrement, pour éviter de resserrer les lettres à la fin des mots et pour
bien conserver le parallélisme de la pente. Ayez
soin que l'extrémité des ongles des deux derniers
doigts ne fassent qu'effleurer le papier ; je le répète,
ces principes bien observés faciliteront extraordi-
nairement l'exécution. — L'exercice supplémen-

taire *ms* est le résumé des précédents ; étant ainsi disposé, il donne au poignet et aux doigts une grande flexibilité et facilite aussi le moyen d'écrire avec promptitude, c'est-à-dire dans le mouvement 144 du métronome.

Les chiffres placés au bas de ce modèle sont classés par ordre analogique, les premiers dépendent du chiffre 1, comme cela vous a déjà été dit ; les seconds dépendent du *zéro*. Attachez-vous à les faire moitié plus longs que larges : des chiffres allongés sont plus gracieux que des chiffres écourtés.

Questions sur la troisième Leçon.

A quoi sert l'exercice des liaisons horizontales ? — Combien avez-vous d'*i* dans l'esquisse de cette leçon ? — Combien devez-vous employer de mouvements pour tracer les exercices de ce modèle ? — Le bras droit doit-il glisser en écrivant ? — Sur quels traits de plume doit-on glisser le bras droit ? — Quand les lettres sont resserrées à la fin des mots, d'où cela vient-il ? — A quoi sert l'exercice supplémentaire ? — Pour quel motif l'exercice de récapitulation est-il créé ? — De quel chiffre dé-

pendent ceux de la première série ? — De quel
signe dépendent les six chiffres de la seconde série ?
— Les chiffres doivent-ils être plus longs que
larges ?

QUATRIÈME LEÇON.

Dans l'esquisse de cette leçon, vous avez quarante-cinq jambages liaisonnés en dessus et en dessous; portez toute votre attention à faire les pleins
très-droits et à les placer, ainsi que les lettres de
récapitulation *masse*, à une égale distance. La
régularité, c'est la beauté de l'écriture ; si vous ne
pensez qu'à la forme et que vous négligiez le mouvement 160 du métronome, vous n'aurez ni régularité, ni fermeté dans l'exécution.

Veillez donc à votre position, à la tenue de la
plume, à l'inclinaison et à la légèreté de votre écriture ; soutenez tous les pleins bien droits, sans chercher à ouvrir la fente de la plume ; écrivez carré-
ment, c'est-à-dire faites toutes les lettres aussi larges
que longues ; glissez ou dégagez votre bras légèrement pour éviter de faire des lignes courbes ; com-

parez souvent votre écriture au modèle et corrigez les lettres défectueuses.

Faites aussi trois ou quatre pages des exercices supplémentaires, qui sont la récapitulation des précédents, mais dont la disposition vous fera nécessairement acquérir plus d'extension dans tous les mouvements.

Questions sur la quatrième Leçon.

Sur quoi devez-vous porter toute votre attention en traçant les quarante-cinq jambages de cette leçon ? — Doit-on sacrifier la forme à la régularité ? — Devez-vous chercher à ouvrir la fente de la plume en écrivant ? — Les lettres de cette leçon doivent-elles être plus larges que longues ? — Combien doit-on faire de pages de l'exercice supplémentaire pour acquérir une grande facilité d'exécution ? — Combien devez-vous faire de pages de l'exercice de récapitulation ? — Dans quel but faites-vous cet exercice ?

CINQUIÈME LEÇON.

Vous saisissez ce modèle avec plaisir, parce que c'est le résumé des quatre premières leçons et qu'il doit vous donner un aperçu du changement de votre écriture ; aussi, préoccupé d'écrire, vous allez beaucoup trop vite, vous abandonnez totalement le mouvement méthodique, 176 du métronome, et celui du poignet, vous retombez alors presque dans votre ancienne écriture ; pourquoi ? Parce que vous donnez beaucoup trop d'extension au mouvement des doigts, au lieu de porter votre attention au mouvement de la main et à la régularité des distances, faites donc attention au précepte, et soyez persuadé que la méthode ne peut rien sans votre bonne volonté, la méthode ne fait que vous indiquer la route, c'est à vous de la parcourir avec soin.

Vous trouvez des difficultés où il n'y en a pas, car ce modèle n'est pas plus difficile que les précédents. « C'est un peu plus compliqué et plus petit, » dites-vous. Oui, mais vous n'avez pas de nouvelles lettres, quoiqu'il y ait quelques mots en plus : ce sont toujours des pleins liaisonnés en dessus et en dessous, placés à côté les uns des autres, à une égale distance, une égale pente et une égale grandeur. Vous voyez donc bien que vous pouvez imiter ce modèle avec autant de facilité que les quatre premiers, et qu'en suivant la marche prescrite, vous obtiendrez une écriture régulière ; prenez donc la ferme résolution d'écrire méthodiquement.

Toutes les fois que vous trouverez trop de difficultés dans l'exécution de certaines lettres, il faudra faire une page de l'alphabet uni avec l'esquisse de l'écriture, 4ᵉ ligne, ainsi que les exercices qui terminent ce modèle, 5ᵉ et 6ᵉ lignes, qui sont un résumé complet de toutes les difficultés d'exécution combinées sur les six lettres radicales : *i, m, o, c, l, j*.

Faites attention à l'exécution des huit lettres à bouton : *b, c, o, r, s, v, x, ʒ ;* ayez soin de faire ces petits boutons très-ronds et non en virgule.

Questions sur la cinquième Leçon.

Doit-on abandonner le mouvement en copiant ce modèle d'écriture cursive ? Pourquoi retombez-vous dans votre ancienne écriture ? — Quoique ce modèle soit plus serré que les précédents, trouvez-vous plus de difficultés pour tracer ces lettres ? — Quelle résolution devez-vous prendre en passant à l'écriture ordinaire ? — Nommez les six lettres radicales. — Combien y a-t-il de lettres à bouton ? — Le petit bouton de ces huit lettres doit-il être fait en virgule ?

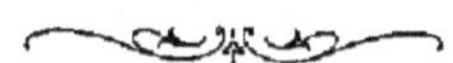

SIXIÈME LEÇON.

Les mots de cette leçon ont été classés par ordre alphabétique de *A* à *L ;* vous devez les imiter aussi exactement et aussi facilement que les précédents, car tous les signes de l'alphabet et toutes les difficultés de l'écriture ont été tracés dans les cinq premières leçons.

Ainsi, pensez toujours à la radicale *i* en faisant les pleins ; les mots, quels qu'ils soient, représentent toujours des lettres ayant l'apparence d'*i*. Que vous écriviez des adverbes classés par ordre alphabétique ou les mots :

écrivez régulièrement, promptement et légèrement,

c'est toujours le même genre d'exécution ; seulement le mouvement que vous devrez adopter pour toujours c'est le nº 208 du métronome, et si vous voulez arriver à écrire vite et bien, il faut écrire par le seul mouvement de la main, car le mouvement des doigts introduit de l'irrégularité dans l'exécution rapide.

Je le répète, les mots, quels qu'ils soient, sont toujours composés d'une suite de pleins placés à une égale distance, une égale pente et une égale grandeur.

Ne faites point trop de rondeur dans la forme ; courbez seulement un peu les liaisons, pour ne pas faire les lettres anguleuses. — Laissez entre les mots la place d'un *m*.

Questions sur la sixième Leçon.

Que vous écriviez les mots de la sixième leçon ou les exercices des leçons précédentes, devez-vous changer le genre d'exécution ? — Doit-on faire les lettres anguleuses ? — Doit-on employer le mouvement des doigts pour l'écriture rapide ? — Quelle distance doit-on laisser entre les mots ?

SEPTIÈME LEÇON.

Les mots de cette leçon sont, comme les précédents, classés par ordre alphabétique, mais de *m* à *z*. La régularité de cette écriture aussi large que longue étant fixée par la distance égale des pleins, il ne nous reste plus qu'à donner des principes pour la longueur des lettres bouclées ou non bouclées qui sortent du corps de l'écriture.

Faites toutes les lettres bouclées quatre fois plus longues que le corps de l'écriture, c'est-à-dire quatre fois plus longues que celles qui ne dépassent ni en dessus ni en dessous.

Les lettres à queue non bouclées devront dépasser de trois corps seulement. — La page étant finie, comparez votre écriture à celle du modèle ; notez les lettres non réussies et réparez-les en présence même de votre professeur.

Questions sur la septième Leçon

De combien de corps d'écriture doivent dépasser les lettres bouclées ? — Les lettres à queue non bouclées doivent-elles être aussi longues que les lettres à boucle ? — Que devez-vous faire lorsque votre page est terminée ?

⁓⁓⁓⁓⁓

HUITIÈME LEÇON.

DES MAJUSCULES.

La formation des lettres majuscules est due à quatre figures principales, qui sont : la mixte, le trait spiral, la dernière partie d'un *m* et l'ellipse.

Ces quatre figures, qui sont généralement divisées par tiers, se trouvant représentées dans les lettres *O, R, M, F* majuscules, il sera bon de s'exercer à la formation de ces quatre lettres radicales qu'on pourra décomposer, comme elles le sont à la première ligne de ce modèle, en s'attachant à les tracer jusqu'à parfaite imitation.

Conformez-vous au modèle ; ne faites jamais dépasser les majuscules au-dessus des lettres bouclées, quelle que soit la dimension de l'écriture. — Elles se forment toutes par le mouvement mixte des doigts et du poignet, en donnant la plus large part à celui du poignet. — Quant aux capitales et traits d'ornementation (dont plusieurs instituteurs m'ont prié de donner les principes), on les exécute par le mouvement du bras, lequel doit être entièrement libre d'agir, depuis l'épaule jusqu'au bout des doigts. — Pour produire des capitales et des traits gracieux, il faut observer les règles suivantes : 1º Former les traits avec une moyenne vitesse, afin de combiner les formes avec sagesse ; — 2º éviter soigneusement la rencontre de deux pleins ; — 3º observer les règles de la spirale et de la mixte ; — 4º ne pas trop forcer les pleins ; — 5º ne pas employer de petits contours à côté de grands ; — 6º ne pas briser les traits mixtes ni les parties courbes ; enfin, donner à ses traits de plume un ensemble que l'art ne peut indiquer, mais que le goût seul prescrit.

Questions sur la huitième Leçon.

Combien y a-t-il de figures principales qui concourent à la formation des lettres majuscules ? — Nommez ces quatre figures. — Sur quelles lettres doit-on s'exercer principalement, où ces quatre figures se trouvent représentées ? — Les majuscules doivent-elles dépasser la hauteur des lettres minuscules bouclées ? — Quelles sont les règles qu'on doit observer pour l'exécution des lettres capitales et pour les traits d'ornementation ou paraphes ?

NEUVIÈME LEÇON.

Les mots de cette leçon sont commencés par des majuscules classées par ordre alphabétique de *A* à *M,* ce qui donne le résumé des leçons précédentes. — Conformez-vous au modèle. — Barrez les *t* un corps et demi au-dessus du niveau des petites lettres ; si vous n'aimez pas que cette lettre soit barrée en croix, faites alors comme vous voudrez, cela ne change en rien à la méthode ; d'ailleurs, vous avez dû remarquer que nous avons fait, dans l'intérieur des mots, des *t* de plusieurs genres, pour vous donner le choix d'adopter celui que vous préférerez. — Quant au *t* final, conformez-vous aux modèles.

Questions sur la neuvième Leçon.

A quelle distance du corps des lettres doit-on barrer le *t* dans l'intérieur des mots ? — Peut-on placer deux sortes de *t* dans l'intérieur des mots ? — Doit-on faire un autre *t* que le *t* pointu à la fin des mots ?

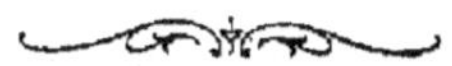

DIXIÈME LEÇON.

Mêmes observations que pour la leçon précédente : ce sont encore des mots commencés par des majuscules et classés par ordre alphabétique de *N* à *Z ;* en combinant les majuscules ainsi disposées, la main acquerra forcément une très-grande fermeté d'exécution. — Conformez-vous aux principes. — Soignez la forme sans négliger le mouvement de la main et celui 208 du métronome.

Ces dix premières leçons terminées et même recommencées plusieurs fois, s'il y a nécessité, vous copierez successivement les modèles d'écritures grosses, moyennes et fines, placés ci-après, jusqu'à ce que vous ayez obtenu une écriture nette et bien rangée ; puis alors vous pourrez vous occuper des écritures titulaire, ronde, bâtarde et gothique.

Tous les professeurs se sont accordés à dire que faire de grands caractères c'était en reproduire plusieurs petits. Nous sommes parfaitement d'accord avec eux sur ce point ; mais comme l'écriture en gros exige le grand mouvement des doigts, que nous bannissons presque exclusivement pour l'écriture fine, nous avons cru devoir commencer notre méthode par des exercices d'écriture fine ; mais une fois bien fixé sur la manière d'écrire vite et bien, on peut étudier nos modèles d'écritures en gros, moyen et fin, dont plusieurs ont été écrits par Mlle Elisa Rocquemont, institutrice brevetée et calligraphe distinguée, formée à cette méthode. En joignant notre mouvement à celui des doigts, nous aurons un grand avantage sur les anciennes méthodes, qui voulaient que tous les caractères soient tracés par le seul mouvement des doigts.

DEUXIÈME PARTIE

PRINCIPES SIMPLIFIÉS

DE

L'ÉCRITURE CURSIVE

GROSSE ET MOYENNE

Les principes de position et de tenue de plume sont les mêmes pour les grosses écritures que pour la fine cursive ; on aura soin aussi de poser les deux derniers doigts très-légèrement sur le papier, pour permettre à la main de se déplacer facilement en produisant les liaisons ; mais en faisant les pleins, on aura bien soin de soulever un peu la main et de former les lettres à l'aide du mouvement des cinq doigts sans déplacer le bras (1).

---

(1) Ce principe d'exécution, qui est incontestablement le seul à suivre pour conserver le parallélisme de la pente, prouve que ceux qui font faire de grands jambages et de grands O de 25 et même de

La plume devra être presque aussi fine que pour l'écriture cursive, seulement il faut qu'elle soit bien flexible pour qu'elle ne coupe point le papier, la fente plus ou moins longue, suivant le degré d'épaisseur qu'on voudra donner aux pleins.

Proportions et Distances.

La largeur des lettres doit être de la moitié de leur hauteur. On reconnaîtra qu'une lettre est moitié plus longue que large en la divisant, sur sa hauteur et dans son obliquité, en deux parties égales. (Voir l'alphabet en gros.)

Il résulte donc de cette division que les lettres qui ne dépassent point les parallèles, dans l'écriture en gros, ont une hauteur de lettre sur une demi-hauteur.

Conformément à ce principe, la distance à laisser entre deux jambages est d'une demi-hauteur de lettre.

---

30 millimètres à des enfants de sept ans, par le seul mouvement des trois premiers doigts, sont à côté d'une bonne méthode, car ces pauvres petits enfants ne peuvent les tracer qu'avec beaucoup de peine, en torturant léur main. Encore une fois, quand donc sera-t-on débarrassé de ces vices enracinés de la routine?

Entre un jambage et une rondeur, comme entre un *n* et un *o*, on doit laisser une demi-hauteur de lettre.

Entre une rondeur et un jambage, comme entre un *o* et un *p*, un tiers de la hauteur d'une lettre.

Entre deux rondeurs, comme entre un *b* et un *c*, le tiers de la hauteur.

Entre deux jambages arrondis et liés ensemble, comme entre un *u* et un *v*, deux tiers de hauteur.

Pour la grosse écriture de plus de 10 millimètres, les lettres à queue ne dépassent que d'une hauteur, à l'exception du *p* et du *t*, qui ne sont saillants que d'une demi-hauteur. Toutes les lettres bouclées par le haut ou par le bas dépassent d'une hauteur et demie, et toutes doivent avoir la largeur des lettres. (Voyez les alphabets.)

Les lettres et les queues des lettres qui sortent du corps des écritures moyennes de 5 à 10 millimètres dépassent d'une hauteur et demie, et toutes les lettres bouclées de deux hauteurs.

ÉCRITURE RONDE

BATARDE ET GOTHIQUE

Démonstration théorique pour la préparation
aux examens
et à toutes les professions industrielles

Pour ces trois genres de calligraphie, on doit choisir des plumes un peu dures, connues sous le nom de bouts-d'ailes. On devra les tailler comme suit : longueur de la fente, 2 millimètres; celle des carnes, 6, et celle de la dernière coupe, 12. Le bec doit être coupé nettement, dans une obliquité de 20 degrés, pour permettre à la main, en la tournant un peu du côté gauche, de produire facilement les liaisons ; on pourra cependant, si on le préfère, tourner la plume entre les doigts.

On pourrait se servir de plumes métalliques taillées pour la ronde ; mais en général quoiqu'assez bonnes, elles sont mal graduées en grosseur.

Principes de Position.

Pour toutes les écritures perpendiculaires, telles que la ronde et la gothique, le corps doit être parfaitement d'aplomb devant la table, sans la toucher. — Pour avoir une idée exacte de la vraie position générale, tracez un triangle équilatéral sur le bord de la table, fig. 1, modèle 2 de la troisième partie. — Placez l'avant-bras droit sur la ligne *a. d.* du triangle et le gauche dans la direction de celle *e. f.;* que le centre du corps corresponde à celle *f. g.*, vous aurez la position exacte qui convient pour tracer toutes les écritures perpendiculaires; en effet, étant ainsi placé, si l'on fait agir la plume par le mouvement simultané du poignet et des doigts, du sommet *a.* du triangle, elle produira un trait dont la direction sera égale à la ligne *a. b.*, fig. 1. — *Pour les écritures inclinées, il suffira de rapprocher le bras droit de la ligne* a. b. *tant et si peu qu'on voudra donner de pente à son écriture.*

Des lettres radicales de l'Écriture ronde.

(Planche 2 de la 3ᵉ Partie.)

Les radicales des lettres, c'est-à-dire celles qui servent à former les autres, sont :

L'*i* et l'*o* auxquelles nous joignons le *j* et l'*l*, 1ᵉʳ, 2ᵉ, 3ᵉ et 4ᵉ exemples, planche 1ʳᵉ de la troisième partie.

Avec le secours de ces figures, il est très-facile de saisir la forme des lettres et d'en faire l'application aux principes élémentaires de la géométrie ; par exemple : l'*i*, qui est la base des lettres à jambages, n'est autre chose que la ligne droite verticale ; l'*o*, qui est radical de toutes les rondeurs, est une circonférence, les lettres qui en dérivent, dérivent nécessairement des éléments de géométrie. — Nous ne ferons donc ici qu'une simple démonstration sur la manière de former ces lettres radicales ; les autres ont trop d'analogie avec les radicales pour en donner une analyse particulière.

L'*i* mineur de ronde est formé de la ligne droite verticale ; la position du bec de la plume rend oblique l'extrémité du plein, qui doit avoir juste l'épaisseur du bec de la plume. — La rondeur du bas représente un cercle dont la hauteur est égale au quart de la lettre ; cette petite rondeur s'obtient facilement, en tournant un peu la main à gauche, jusqu'à ce qu'il n'y ait plus que l'extrémité gauche du bec de la plume qui touche le papier au moment de former la liaison ; ce principe est applicable à toutes les lettres qui dérivent de la ligne droite et qui ont une certaine analogie avec cette radicale.

La lettre *o*, ex. 2, même modèle, placé dans un carré, renferme intérieurement une ellipse allongée sur la perpendiculaire. La première partie se commence par un délié qui s'obtient par le tranchant de la plume, et la seconde se termine par un plein revers qui doit avoir la même épaisseur que celui de la première, parce que la plume en remontant se trouve de nouveau sur son plein ; cette lettre a pour hauteur quatre fois l'épaisseur du plein et autant de largeur ; la diagonale inverse *a. b.* indique la naissance du plein de la première partie de l'*o* appelée concave et de la deuxième appelée convexe ; enfin l'*o* représente le corps de l'écriture, soit en hauteur, soit en largeur ; ce principe est le même pour tous les genres d'écriture.

La troisième radicale *j* est formée d'un plein droit, arrondi vers la base et terminé par une boucle à plein revers ; sa longueur est de deux corps et demi et sa largeur n'a qu'un corps, dont la base rappelle la forme de la lettre *o*.

La lettre *l*, 4ᶜ ex., est formée d'une boucle commençant par un délié un peu au-dessus de la parallèle supérieure, continuée en tournant vers la droite par un plein revers, et terminée par un délié précédé d'une petite courbe semblable à celle de l'*i* ; sa hauteur est de deux corps et demi, et sa largeur n'a qu'un corps, dont le sommet figure aussi la lettre *o*.

Le corps de la ronde a quatre becs de plume en carré. (Voir la fig. 1ʳᵉ, planche 1ʳᵉ.) La distance à laisser entre deux jambages droits est de deux becs de plume ; entre un jambage droit et un plein courbe, un bec et demi. — Entre deux pleins courbes, un bec. Les lettres à boucles dépassent en dessus et en dessous d'un corps et demi. — Les majuscules pour tous les genres d'ecritures s'exécutent dans le mouvement d'une spirale, et elles doivent avoir la même hauteur que les lettres à boucles, quelle que soit la dimension de l'écriture. (Voyez l'alphabet, planche 2ᶜ, ou nos transparents méthodiques d'écritures ronde et bâtarde.)

Des lettres radicales de l'Écriture bâtarde.

(Planche 29.)

Les radicales des lettres sont l'*o*, l'*i* et le trait mixte représenté par *s*. — L'*o* est la base des rondeurs. — Les jambages sont formés de l'*i*. — Le trait mixte est produit par la tangence de deux ovales. — Ces radicales, ainsi que toutes les lettres, ont pour pente la diagonale d'un parallélogramme rectangle égal à la moitié du carré (fig. 4) ou quatre fois l'épaisseur du plein, et pour la hauteur le double. — On met entre deux pleins droits quatre becs de plume ; entre une rondeur et un jambage, trois becs ; entre deux rondeurs, deux becs ; entre deux mots, deux corps d'écriture ; entre les lignes, trois corps pour la grosse, quatre corps pour la moyenne et cinq pour la fine. — Exécution : conformez-vous aux modèles.

Quant à la gothique, la hauteur des lettres est de cinq fois l'épaisseur du bec de la plume, et, pour la largeur, quatre. — Les lettres à queue ne dépassent que d'un corps en dessus et un demi-corps en dessous. — Les majuscules ont la hauteur des *h*. — Exécution : conformez-vous aux modèles.

En résumé, pour parvenir à bien exécuter tous les genres de calligraphie, on doit commencer par les traits les plus simples et les plus élémentaires, tels que *i, o, l, j,* comme cela vous a été démontré précédemment, et s'y arrêter jusqu'à ce qu'on les exécute facilement.

NOTIONS ÉLÉMENTAIRES

D'EXPERTISE OU RECONNAISSANCE

D'ÉCRITURES ET SIGNATURES

Par comparaison et autrement

EXPOSÉ

Il n'est pas rare aujourd'hui de rencontrer des personnes qui disent malicieusement que les experts sont comme les augures, lesquels ne pouvaient se regarder sans rire... puis ils concluent de là que cette science est tout à fait conjecturale.

Voilà bien les hommes habitués à juger superficiellement de toutes choses! Parce qu'ils ne comprennent point un art, pour lequel même ils ont eu toute leur vie une très-grande indifférence, ils voudraient au besoin l'anéantir! — Que d'objections on pourrait faire à ces personnes!... — Mais, comme me disait un jour un magistrat des plus distingués auquel je faisais part des émotions pénibles que me causaient toujours les attaques de mauvais ton qu'on lançait depuis quelque temps contre le témoignage des experts : « Faites votre devoir et laissez dire ; le bon sens du public rendra toujours justice au témoin loyal qui fait une déposition sous la foi du serment. »

L'opinion des experts peut paraître conjecturale quand, dans leurs conclusions, ils ne se prononcent pas plus en faveur de la sincérité que du côté de la fausseté d'une pièce soumise à leur appréciation ; ceci n'est pour nous qu'un excès de prudence. Mais quand des experts de talent, honorés de la confiance des magistrats, déclarent, sous la foi du serment, qu'une pièce est bonne ou qu'elle est fause, c'est qu'il n'y a pour eux aucun doute ; alors on peut s'en rapporter à leur expérience et à leur bonne foi, car dans le doute l'expert prudent s'abstient toujours. (Laissez donc à chacun son métier.)

Pour devenir bon expert, il faut beaucoup pratiquer l'art calligraphique ; je dirai plus, il faut aussi, avant de se présenter comme tel, avoir fait un grand nombre de *fac-simile* d'écritures différentes, en employant toutes sortes de moyens pour les fabriquer, de manière à donner l'apparence du vrai à la fausseté. (On peut être parfaitement honorable et s'exercer, dans le silence du cabinet, à fabriquer des *fac-simile* d'écriture, car on n'est faussaire qu'autant qu'on fait usage d'une pièce fausse, sachant qu'elle est fausse.) Or donc, ceux qui voudront se faire recevoir experts devront, avant tout, faire un grand nombre de *fac-simile*, et, par ce travail préliminaire, ils deviendront habiles à découvrir la fausseté ou la sincérité d'une pièce d'écriture ou d'une signature. On devra, en outre, pour compléter cette étude, s'exercer à dresser des procès-verbaux ou rapports de vérification sans emphase ni préambules inutiles.

Il me serait très-facile de donner des moyens infaillibles pour reconnaître, par comparaison et autrement, une fausse pièce d'écriture ou une fausse signature ; mais comme ces moyens donneraient en même temps une méthode de faire des faux, je dois les limiter ici à un très-petit nombre, car un tel savoir ne doit être connu que des experts ou des magistrats pour protéger les honnêtes gens contre les fripons.

Or donc, je le répéte, ceux qui voudront se livrer aux travaux d'expertise, soit par état ou par amour de la justice, pour protéger les bons contre les mauvais, devront, pour y parvenir, s'exercer à faire ce que j'ai dit plus haut. — Néanmoins, pour faciliter cette étude et pour satisfaire en cela aux désirs qui m'ont été exprimés par des personnes éminentes de la magistrature, je vais donner ici quelques-uns des moyens à moi connus pour découvrir la fausseté d'une pièce d'écriture fabriquée par imitation naturelle ou par imitation artificielle, en voilant toutefois ce qui pourrait éveiller l'attention des gens mal intentionnés.

NOTIONS

On peut imiter les caractères d'écriture de plusieurs manières. On en distingue deux principales :

La première est dite imitation naturelle et la seconde imitation artificielle.

L'imitation naturelle est celle qu'on exécute sans aucun artifice, c'est-à-dire qu'elle se trace à l'œil et avec la plume de la même manière que fait un élève qui apprend à écrire et qui cherche sérieusement à imiter le modèle placé sous ses yeux.

L'imitation artificielle se fait non-seulement à l'œil et de la main, comme l'imitation naturelle, mais aussi par l'artifice des calques et décalques, superpositions, reports ou contre-tirements, qui se font de différentes manières qui ne sont que trop connues. Quant aux différentes manières de les faire, je ne les démontrerai point ici, mon intention n'étant, je le répète, que de donner des moyens restreints, mais suffisants, pour arriver à reconnaître une imitation naturelle et une imitation artificielle.

L'imitation naturelle est incontestablement plus difficile à faire que l'artificielle ; aussi on arrive rarement à une véritable ressemblance. Mais quand on y arrive, ce qui peut s'obtenir, la fausseté est très-difficile à découvrir, car la nature seule ayant agi, il faut être bien expérimenté pour distinguer le vrai d'avec le faux.

Quant à l'imitation artificielle, elle est bien plus facile à reconnaître, parce qu'il y a des règles pour y parvenir que fort peu de calligraphes-experts ignorent aujourd'hui ; cependant, quand ces sortes de faux sont exécutés par une main habile, la fausseté est presque aussi difficile à découvrir que la naturelle, parce que, par ce moyen, l'on peut contrefaire la forme de toutes sortes d'écritures fort exactement (même plus exactement que par la photographie, dont on a un peu abusée depuis quelque temps pour la reproduction des pièces à vérifier).

Il est bien certain qu'une pièce fausse, faite par un habile imitateur, de quelque sorte d'imitation qu'elle soit, donnera de la peine à la connaître; de là viennent ces opinions (sans valeur) qui s'imaginent que des expeats sont dans l'impossibilité d'en découvrir la fausseté : — et par suite, qu'il n'est pas en leur pouvoir de rapporter toujours la vérité, parce que leur expérience ne peut aller plus loin qu'à remarquer les défauts de conformité qui peuvent se rencontrer dans une pièce. Or, si ces conformités s'y rencontrent, et comme je l'ai déjà dit cela peut arriver par la grande habilité de l'écrivain, ils prétendent alors que l'expert est au bout de sa science. Eh bien! moi, qui ai plus de vingt années d'expérience dans l'art de la calligraphie, et qui a fait dans ce laps de temps plus de 5oo vérifications d'écriture, soit judiciaires ou civiles, sans compter les études particulières auxquelles je me suis livré sur cette matière, j'affirme, en mon honneur et conscience, que ces opinions, émises le plus souvent par des écrivassiers qui n'ont pas même la patience de donner à leur écriture une forme respectable et qui abusent souvent de leur talent naissant d'orateur pour jeter un mauvais vernis sur un art qu'ils ne comprennent point, j'affirme, dis-je, qu'il reste à l'expert-calligraphe un grand nombre de moyens aussi certains, et plus certains même que ceux de la forme des lettres, pour reconnaître la fausseté ou la sincérité d'une pièce d'écriture. D'ailleurs, je puis bien le dire ici, ne nous reste-t-il pas la physionomie, le mouvement de la main qui est propre à chacun, l'air de l'écriture, soit qu'il soit gai, triste, mordant, vif ou gracieux, animé ou lymphatique, tous les effets que la plume peut produire et que chacun rend selon son naturel (1), le rangement, l'ordre enfin qu'on donne à son écriture et qui est propre à chaque tempéramment, à chaque caractère? etc., etc.

On s'appuie souvent encore sur ce que les experts sont quelquefois en contradiction dans leurs conférences. Est-ce ma faute, à moi? est-ce la faute du vrai calligraphe-expert, si quelques écrivassiers, bureaucrates, clercs de notaire, employés d'administration, etc., ignorant les règles calligraphiques, gens fort honorables, sans doute, mais qui ont été occupés toute leur vie à dresser des actes ou à faire des contrats, et non à enseigner, ni à analyser ou à

---

(1) Ce que la photographie ne peut imiter, c'est la vie pour ainsi dire que chacun donne à son écriture.

décomposer toutes sortes d'écritures ; est-ce la faute des professeurs de calligraphie, dis-je, si quelques-uns de ces braves gens réussissent quelquefois à se faire admettre comme experts ?

J'ai vu de ces prétendus experts qui, pour juger une pièce bonne, voulaient que toutes les règles de conformités se rencontrassent, ponctuellement observées, entre la pièce de question et celle de comparaison. Lorsque cette grande conformité ne se rencontrait pas, ils jugeaient la pièce fausse. Cependant il est bien certain, et en cela je suis d'accord avec les vrais calligraphes expérimentés, qu'il n'y a personne qui puisse se promettre d'écrire toujours de la même manière, c'est-à-dire de la même hauteur, dans le même alignement et dans un point limité. Or, il est constant que toute écriture faite par artifice n'a d'autre but que d'imiter la nature. Je me résume et je dis : Le vrai expert doit être avant tout calligraphe, parce qu'il doit parfaitement connaître et distinguer la qualité d'un trait de plume naturel avec un trait de plume artificiel, et s'il a étudié sérieusement les principes de calligraphie contenus dans ce Traité, s'il s'est exercé, comme je l'ai dit plus haut, à faire des *fac-simile* de toutes sortes d'écritures, il saura bien distinguer le vrai d'avec le faux. Toutefois, pour compléter mon intention d'être utile en cette matière, je crois pouvoir dire ici que l'expert devra porter toute son attention sur les remarques suivantes, dans les deux cas de faux dont je viens de parler.

La première chose à laquelle l'expert doit faire attention en examinant la pièce de question, c'est de rechercher si elle a été imitée ou si elle a été naturellement écrite.

Pour commencer à reconnaître s'il y a fausseté dans un corps d'écriture ou dans une signature, par l'une ou l'autre des deux imitations ci-dessus mentionnées, l'expert s'attachera d'abord à considérer l'alignement et l'écartement des lignes, et enfin la physionomie générale de l'écriture ; car, suivant moi, la physionomie ou l'air de l'écriture est ce qu'il y a de plus difficile à imiter, parce que chaque personne donne à son écriture un air, une vie pour ainsi dire qui lui est propre. Il est facile d'imiter la forme des lettres au moyen des calques et reports et de composer une fausse pièce à l'aide de caractères pris sur des écritures d'un individu, j'en conviens ; mais il est impossible d'imiter le mouvement qui palpite dans chaque lettre et qui est propre à chaque main.

7.

Or, si les contrariétés ou de trop grandes conformités de forme se rencontrent entre la pièce de question et celles de comparaison, il est évident qu'il y a faux, soit que cette fausseté ait été obtenue par imitation naturelle ou par imitation artificielle, ce qu'un bon expert saura toujours bien distinguer.

Dans l'intérêt général, j'ai dit tout ce que les limites de la raison et du devoir me permettent de dire sur les deux cas d'imitation qui se produisent plus particulièrement de nos jours. Il y en a bien d'autres à ma connaissance ; mais, en résumé, je ne veux faire ici qu'en signaler quelques-uns, et cela devra suffire pour éveiller l'attention des jeunes experts ; d'ailleurs ils sont plus faciles à reconnaître que les deux autres, et on peut même en faire la vérification sans pièces de comparaison.

Ils semblent se réduire, en tout ou partie, aux suivants, qui sont :

1º L'imitation des signatures obtenue par calque et décalque ou par contre-tirements, dans laquelle je comprends l'imitation des paraphes joints ou séparés desdites signatures ;

2º L'altération d'une pièce ou partie de pièce, soit par rature ou enlèvement de quelques lettres, mots, chiffres, lignes, pages entières, plus ou moins, soit par augmentation ou diminution, soit par transpositions ou renforcement et rétablissement de papier qui aura été affaibli ou diminué de force par enlèvement d'écriture originellement faite, afin d'y en substituer une autre;

3º Addition et collement de plusieurs morceaux de papier pour en composer une seule pièce;

4º Soustraction et changement de feuillets d'un ou plusieurs cahiers ou registres;

5º Déguisement d'écriture, qu'on peut reconnaître à son air maniéré ou emprunté;

6º Supposition de pièces nouvellement faites, afin de les faire passer pour anciennes;

7º Falsification d'écriture, enlèvement d'écriture avec eau-forte, etc., etc.;

8º Blanc-signé et autres qui peuvent se rencontrer et se reconnaître à leur disposition, etc.;

9º Des encres : de leur nature, de leur nuance, de leur ancienneté, etc.;

10º Des pièces de comparaison contre-tirées données pour bonnes : *y faire bien attention et ne prendre que celles qu'on reconnaîtra pour être toutes de la même main, et autant que possible de la même année.*

A propos de cette dernière observation, qu'il me

soit encore permis de faire une autre remarque très-importante pour tous :

Depuis quelque temps on a introduit un mode de vérification ou contre-expertise bien dangereux pour les parties : je veux parler des reproductions photographiques faites d'après les originaux, tant de question que de comparaison, et parmi lesquelles on introduit des photographies ou nouvelles pièces de comparaison non déposées au greffe. Eh bien! les contre-expertises faites dans ces conditions ne peuvent donner qu'un mauvais résultat, et ce qui le prouve c'est qu'il arrive très-souvent que les nouveaux experts officieux sont en désaccord avec les experts nommés par le tribunal, et cependant il n'y a pas l'ombre d'un doute à émettre sur la sincérité des experts.

Cette divergence d'opinion provient, selon moi, de deux choses : d'abord les vérifications n'ont pas été faites sur les mêmes pièces ; ensuite elles sont faites, d'une part, sur les photographies, qui, tout en reproduisant des formes exactes, je le veux bien, ne rendent pas toujours les caractères de la même grandeur ni de la même vigueur ; et puis les teintes d'encre et les nuances du papier, tant des pièces de question que de celles de comparaison, ont souvent une dissemblance très-marquée sur les originaux, tandis qu'au contraire ils sont presque toujours en photographie uniformément de la même nature ; et cela se comprend : ces reproductions sont faites à l'aide du même objectif et imprimées sur le papier par le même procédé, ce qui donne à toutes les pièces photographiées un ensemble sans vie, exactement semblable, bien fait pour tromper l'œil des experts, à plus forte raison celui des personnes inexpérimentées qui cherchent et ne veulent cependant que la vérité.

De ces observations judicieuses, je conclus que les contre-expertises, faites dans les conditions ci-dessus mentionnées, doivent être considérées comme des types imparfaits, propres à égarer la religion des personnes les mieux intentionnées.

MODÈLE DE PROCÈS-VERBAL

OU

RAPPORT DE VÉRIFICATION

SUR UNE IMITATION NATURELLE

L'an 1845, le 27 juin, à midi,

Nous, soussigné,

Ferdinand Rocquemont, calligraphe-expert près la cour et les tribunaux, demeurant à...., rue...., n°....,

En vertu d'une ordonnance de **M**...., l'un des juges d'instruction près le tribunal de première instance de...., en date du 27 de ce mois, qui nous commet à l'effet de procéder à la vérification de la signature PAUL, dans la procédure intentée contre le nommé PIERRE,

Nous nous sommes transporté au cabinet dudit magistrat, enclave du Palais-de-Justice, où étant, il nous a donné lecture de ladite ordonnance et reçu notre serment de bien et fidèlement procéder, en notre honneur et conscience, à la vérification dont il s'agit, serment dont il nous a été accordé acte, que nous avons signé avec M. le juge d'instruction et le greffier, en même temps que nous contresignions les pièces de l'affaire.

Ledit serment par nous prêté, il nous a fait la remise des pièces à vérifier, tant de question que de comparaison, au nombre de *trois*.

Nous nous sommes ensuite retiré dans l'endroit qui nous a été indiqué, et avons de suite commencé notre opération par l'énumération des pièces à vérifier, comme suit :

PIÈCES DE QUESTION.

Une signature Paul, apposée sur un registre de la maison de commerce de M...., folio 220, cadre n° 5.

PIÈCES DE COMPARAISON.

Des signatures Paul, au nombre de douze, tracées sur une feuille de papier par le nommé Paul, en présence de M. le juge d'instruction. Cotée A.

Huit autres signatures Paul, tracées sur une feuille de papier pot, en présence du même magistrat, par le nommé PIERRE, inculpé de faux. Cotée B.

Pour répondre aux questions posées par M. le juge d'instruction.... et ainsi énoncées :

1º L'expert nous dira si la signature du sieur PAUL, apposée sur un registre de la maison de commerce de M...., folio 220, cadre nº 5, a ou n'a pas été tracée par le nommé PAUL ;

2º Dans le cas de la négative, si cette signature ne serait pas l'œuvre du nommé PIERRE, inculpé de *faux*.

Ces pièces, reçues et reconnues par nous, expert soussigné, nous les avons examinées avec le plus grand soin, afin de bien nous pénétrer des différences ou des analogies qui pouvaient exister entre elles et nous éclairer sur l'opinion que nous avions à émettre, et voici le résultat de notre travail :

OBSERVATIONS GÉNÉRALES.

La signature PAUL, apposée sur le registre de la maison de commerce de M...., qui fait question, se distingue par les remarques suivantes, dont la première est que, considérant ladite signature arguée de faux, en l'envisageant au total, avant que d'en particulariser le détail, on voit que le physique de cette signature n'est point semblable à celui de la signature du sieur PAUL, apposée douze fois sur la pièce de comparaison cotée **A**. Cette signature de comparaison, qui appartient au genre d'écriture anglaise, est écrite au courant de la plume par un mouvement de poignet vif, cadencé, d'un air gai, et toutes les lettres sont parfaitement liées entre elles. Celle de question, au contraire, quoiqu'appartenant aussi au genre d'écriture anglaise, a été écrite par un mouvement de doigts, d'un air triste, lent et traîné, doucement, sans cadence ; les lettres n'ont aucune liaison entre elles : elles sont tracées avec patience, ce qui indique des essais d'imitation ;

2° La signature de question a été faite d'une autre tenue de plume que celle de comparaison, savoir : celle de question d'une tenue de plume entièrement de face, et celle de comparaison (cotée **A**), au contraire, d'une tenue tournée tout à fait sur la carne droite, c'est-à-dire du côté des doigts, de sorte que ces différentes tenues de plume ont produit des effets contraires les uns des autres ;

3° En examinant la forme anglaise des lettres de la signature de question, en les comparant une à une à celles de comparaison tracées par M. Paul, cotées **A**, nous avons reconnu que celle de question avait toutes les apparences d'avoir été imitée sur quelque signature semblable auxdites signatures de comparaison par les remarques suivantes, à savoir : que cette signature de question, quoiqu'ayant la forme de l'écriture anglaise, est destituée de l'air franc, naturel ou train d'écrire qui se rencontre dans les signatures de comparaison (cotées A); que toutes les lettres de cette signature de question sont composées de traits et effets de plume lents et traînés avec patience et hésitation ; de plus, ces lettres sont rechargées d'encre en plusieurs endroits, comme on peut le voir distinctement avec une loupe, ce qui annonce d'une manière irrécusable qu'elles ont été retouchées pour essayer de corriger les défauts d'un premier tracé. Ceci est si caractéristique, que nous croyons pouvoir nous dispenser de décomposer la forme des lettres les unes après les autres (1), car il est évident que cette signature de

___

(1) Ordinairement, quand il y a nécessité toutefois, on décompose es lettres qui présentent des ressemblances ou des dissemblances notables entre la pièce de question et celle de comparaison ; mais, comme on le voit à la simplicité de ce rapport, j'ai cherché à en

question ne se rapporte ni dans la tenue, ni dans la manière de conduire la plume, ni dans sa physionomie générale, auxdites signatures de comparaison tracées par M. PAUL sur la pièce (cotée A); de sorte que, par ces remarques de dissemblance et de contrariété dans les effets et dans la conduite de la plume, nous croyons, en notre âme et conscience, pouvoir répondre à la première question de M. le juge d'instruction : OUI, ladite signature apposée sur le registre de la maison de commerce de M...., folio 120, cadre n° 5, est *fausse*, et ne peut être attribuée à M. PAUL.

COMPARAISON DE LA SIGNATURE PAUL, MAINTENUE FAUSSE, AVEC L'ÉCRITURE DU SIEUR PIERRE, INCULPÉ.

Nous avons dit que la signature de question était composée d'une sorte d'écriture anglaise écrite par le mouvement des doigts, d'un air triste, lent et traîné.

---

abréger l'étendue le plus possible. Cependant, tel qu'il est, il remplira, je crois, le but que je me suis proposé, puisqu'il n'est donné ici que pour indiquer la marche à suivre en pareille circonstance.

Les signatures de comparaison, écrites sur une feuille de papier pot, par le nommé PIERRE, cotées B en présence de M. le juge d'instruction, se distinguent par une physionomie tout à fait différente de celle de question, car au lieu d'être dans le genre de l'écriture anglaise, elles appartiennent au genre d'écriture bâtarde. Elles sont lourdement et péniblement tracées : on voit que PIERRE n'a pas l'habitude de manier la plume. Quoique toutes les lettres de son écriture soient assez bien liées entre elles, on distingue qu'elles sont exécutées par un mouvement de main très-nerveux ; on reconnaît aussi, à la forme défectueuse des lettres, que le sieur PIERRE écrit sans principes et sans ordre ; enfin, ces quelques remarques de contrariété entre la pièce de question et celle de comparaison, cotée B, que l'œil le moins exercé pourra faire et reconnaître, suffisent, nous le pensons, pour répondre à la deuxième question : NON, la signature PAUL, maintenue fausse, n'est pas l'œuvre du nommé PIERRE.

En foi de quoi nous avons dressé le présent procès-verbal, que nous affirmons sincère et véritable, et avons remis cejourd'hui, avec ledit procès-verbal, les pièces de l'affaire à M. le juge d'instruction, réclamant, conformément à la loi, taxe des vaca-

tions employées par nous, expert soussigné, tant
au classement, à l'étude des pièces, qu'à la con-
clusion du rapport et à sa mise au net, etc.,
etc.

Clos et déposé....., au Palais-de-Justice, à

......, le 25 août 1845.

F. ROCQUEMONT.

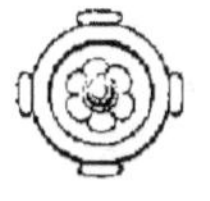

VÉRIFICATION[*]

D'ÉCRITURE ET DE SIGNATURES

TESTAMENT DU SIEUR S. CHARLES

Nous, soussigné,

Ferdinand Rocquemont, calligraphe-expert en écritures près les tribunaux, etc., etc.,

Consulté à l'effet de procéder à l'examen d'un testament olographe déposé chez M....., notaire, attribué à M. S. Charles, propriétaire à X....,et de reconnaître si ce testament est ou n'est pas de la main de celui qui a écrit un autre testament,

---

[*] L'entête ou formule des rapports judiciaires étant toujours à peu près de même, nous ne répéterons pas ici cette formule. Nous extrayons seulement les principaux faits d'un de nos rapports, fait sur une imitation artificielle des plus curieuses, et nous lui donnons la forme d'une simple consultation civile, qui pourra servir de modèle en pareille circonstance.

sur lequel nous avons précédemment fait un rapport, et dont nous avons reconnu la fausseté aux marques distinctes d'imitation approximative de certains caractères de l'écriture de M. S. Charles ;

On nous a communiqué ces deux testaments, datés tous deux d'X....., le 5 janvier 1857, et signé S. Charles, contenant exactement le même texte, quoiqu'il y ait dans l'un 14 lignes compris la signature et dans l'autre 15 y compris aussi la signature ;

Voici le résumé de nos observations :

EXTRAIT DE NOS NOTES

En envisageant dans leur ensemble les deux testaments déposés et en les rapprochant des écritures de M. Charles, dont nous avons fait l'analyse dans notre rapport du 17 mai 1863, et surtout de celles de 1857 (date des testaments), on voit que la physionomie des écritures de ces testaments n'est pas celle des écritures de M. Charles.

Les testaments, quoique tracés avec patience, très-lentement, se distinguent par une légèreté de main remarquable et une facilité d'exécution dans l'ensemble qu'on ne retrouve pas dans les écritures de M. Charles ; la main de celui-ci est plus pesante ; son écriture, quoique assez cursive, est écourtée, lourdement tracée par un mouvement de poignet très-nerveux.

Cette différence d'aspect, ces contrariétés d'exécution sont saisissantes et ne peuvent échapper qu'aux personnes inexpérimentées en cette matière.

Dans les testaments produits, les liaisons qui terminent les mots ont une tendance à remonter plus haut que le corps d'écriture, et, à la loupe, on distingue même, au bout d'un certain nombre de liaisons, un petit point d'arrêt, ce qui dénote que l'écrivain (copiste) s'apercevait, mais un peu tard, de cette direction ascendante. En effet, les liaisons finales de M. Charles sont en général horizontales ou n'atteignent pas le haut du corps de l'écriture lorsqu'elles remontent un peu.

L'écriture des testaments, ainsi que les signatures, ont été faites d'une autre tenue de plume que celle qu'on remarque dans les écritures et signatures de M. Charles, c'est-à-dire : celle des testaments presque entièrement sur la carne droite de la plume, et celle des écritures de M. Charles sur le plat de la plume ; de sorte que les traits et effets que ces diverses tenues de plume ont produits dans les deux sortes d'écritures sont différents les uns des autres.

Cette divergence dans la portée ou la tenue de la plume explique aussi la légèreté des uns et la pesanteur des autres.

Ainsi, quelques mots des testaments sont tracés sans liaisonnage, d'un air timide et hésité, tandis que d'autres sont d'une écriture jeune et hardiment tracée, dans le genre d'écriture anglaise, surtout dans la première partie des testaments. Ces effets de contrariété, qui se rencontrent souvent dans une même ligne, ont une grave portée.

Dans le testament déposé le 3o avril on remarque à la loupe quelques reprises très-visibles qui dénotent le copiste. Ainsi on avait écrit FILITEUR, et on a fait ensuite du second (i) un (a).

Dans le mot DISPOSITIONS (1re ligne), les deux (s) avaient d'abord été arrêtés à leur base; on distingue parfaitement à la loupe que ces deux lettres ont été raccordées après coup. On voit aussi que la barre du (t) de ce même mot a été retouchée à son extrémité droite. La lettre finale (e), dans le mot COMME (5e ligne), a été retouchée, et on distingue qu'elle a été reprise en trois fois. Voyez aussi les (v). Dans le mot VOULANT (4e et 10e lignes), ils sont tracés avec hésitation. On distingue à la loupe que cette lettre est faite par petits coups de plume, et que le (v) qui se trouve au milieu de la 4ᵉ ligne a été retouché.

Rien n'autorise à croire, d'après les écritures si nombreuses de M. Charles, qu'il eût lui-même fait la faute d'orthographe qu'on rencontre dans le mot RENFERME (6ᵉ ligne) et qui se trouve dans les deux testaments, où ce mot est écrit avec un (M) au lieu d'une (N) précédant l'F.

Après avoir ainsi examiné les testaments en eux-mêmes, il nous reste à les contrôler l'un par l'autre. Ils émanent d'une même main, leur ressemblance n'est que trop frappante ; et c'est cette ressemblance excessive qui nous a amené à reconnaître qu'ils ont été faits l'un par l'autre, ce qui exclut évidemment la pensée qu'ils émanent de M. Charles. En effet, ce dernier ne se serait pas amusé à imiter sa propre écriture, à se calquer en quelque sorte entièrement, et l'eût-il voulu, il n'eût certainement pu le faire d'une manière naturelle.

En superposant le nom Charles du premier tes-tament (prenez le calque nº 1ᵉʳ, c'est-à-dire le calque que nous avons fait, qui est un *fac-simile* exact du premier testament), en superposant, disons-nous, le nom Charles de ce calque sur le nom Charles du second testament, on trouve que ces deux noms cadrent parfaitement. Incontestablement l'un a servi à fabriquer l'autre; parce qu'il est généralement reconnu que personne ne peut écrire ou signer deux fois d'une manière *absolument semblable*, c'est-à-dire de manière que chaque jambage ait la même hauteur, que chaque lettre ait le même écartement que l'autre, que chaque jambage même d'une même lettre ait le même écartement, que les points et accents soient juste à la même place. Par conséquent, si le fait se reproduit, il y aura calque. Cette première épreuve sur le nom Charles, jointe à la ressemblance si frappante au premier aspect des deux testaments, nous avait amené à penser que l'un d'eux avait été fait à l'aide d'un calque lettre à lettre, mot à mot ou syllabe par syllabe.

Après donc avoir fait un calque aussi exact que possible du premier testament déposé (celui où est le prénom El..... et où l'E évidemment a été ajouté après coup), nous avons superposé ce calque sur le deuxième testament déposé, et nous avons reconnu que tout ou presque tout était calqué tantôt lettre à lettre, tantôt syllabe par syllabe, tantôt même mot par mot. Ainsi, notamment, le mom Charles de la signature est calqué entièrement, y compris le paraphe. Le mot AVENUS, composé de six lettres, est calqué d'une manière parfaite, même le point qui suit ! Dans le nom LETELLIER, les deux dernières syllabes sont calquées entièrement, même avec la virgule qui suit le nom !

Au surplus, voici le tableau *avec les points, virgules et accents,* de tout ce qui est indubitablement calqué. Dans les autres mots, d'autres lettres isolées le sont aussi ; nous les négligeons, mais on pourra vérifier :

TABLEAU.

Je — revo — que — dans — eur — cont — enu — tout-es
les — ispos — it — ion
q — ue — ai — faite — usqu'a — ce — our — o ta — ent — le
esta — ent — re — cu — ar — tellier, — air — a — ill — le
1 — ece — m — br — 1855 — oulant — q' ils — ent — to — us
— ons — ider — es — co — no — avenus.
et — pa — le — resen — tes — ta — ent — q — re — fe — e — mes
— er — cres — ins — our — on
univ — er — se — l — E — charles — — — — — — — rma — in
— à — — arn — étal — ou — a — son — de — faut — ses — es
— oulant — qu'il — s — recue — ill — ent
— fo — t — une — obi — li — e
— obil — iere — que — je — lais — en — mourant
    Ecrit — até — et — si — g — ne — ma — in — à — ide — lle
le — e — c — in — q — anvier — mil — h — ui — t
— in — q — u — a — nt — s — pt
                                         es charles.

Après ces indications, qui nous paraissent déci-
sives et dont chacun peut vérifier l'exactitude en
appliquant, ainsi que nous l'avons dit, le calque
transparent du premier testament déposé sur le
deuxième testament même, on peut se convaincre
qu'il y a eu calque partiel.

Et s'il y a calque, s'il y a imitation d'un testament sur l'autre, il est clair comme le jour que les
testaments n'émanent pas de M. Charles ; et si l'on
y rencontre quelque analogie de forme avec l'écriture de M. Charles, il est évident pour nous que
c'est parce que le premier testament a été fabriqué
lettre à lettre, syllabe par syllabe ou mot à mot, sur
quelques écritures de M. Charles, faites par lui à
différentes époques, et ce qui le prouve c'est l'iné-
galité des caractères et les différents genres d'écritures qui se rencontrent dans une même ligne sur
les testaments, comme nous l'avons signalé plus
haut.

Toutes les pièces d'écriture de M. Charles, données pour comparaison, sont empreintes au contraire d'une grande régularité dans le rangement
des lettres ; soit que M. Charles écrive avec une
plume métallique, soit qu'il écrive avec une plume
d'oie, soit qu'il trace des petits caractères, soit qu'il

en trace de grands, son écriture, quoique lourde et guindée, est toujours bien rangée sur chaque pièce.

Une observation vient encore démontrer qu'il y a eu calque. Pour dérouter les yeux inexpérimentés, le fabricateur des deux testaments a dérangé la feuille de calque en opérant la composition, quelquefois à chaque lettre, d'autres fois à chaque syllabe, enfin cinq à six fois à chaque mot seulement.

Ainsi on a calqué le mot JE, puis avant de passer au mot RÉVOQUE on a poussé la feuille de papier calque un peu à droite, et ce qui le prouve d'une manière irrécusable, c'est que la distance qui existe entre ces deux mots est un peu moins grande sur le deuxième testament que sur le premier. Avant de tracer le mot DANS (1re ligne) on a encore poussé la feuille de papier calque à droite, ce qui a aussi établi une plus petite disance entre ce mot et celui qui le précède; puis, comme ce mot DANS est d'une seule syllabe, on a eu la maladresse de le tracer en entier sans déranger le papier calque. Aussi cadre-t-il parfaitement.

Pour calquer le mot VOULANT (4e ligne), l'ouvrier a poussé sa feuille de calque vers la droite; aussi la distance qui existe entre les chiffres et le mot est d'au moins 2 millimètres moins grande que celle qu'on remarque sur le testament déposé en premier lieu.

En résumé, si on pousse le calque à gauche on reconnaît que la distance entre les mots ou entre les lettres est plus grande sur le calque qui reproduit la première pièce; si, au contraire, on le pousse à droite, la distance est moins grande soit entre les lettres, soit entre les mots. Cette vérification faite avec soin donne une seconde preuve irrécusable du calque, elle indique de plus la manière dont on a opéré.

En foi de quoi nous avons rédigé sur nos notes et signé la présente consultation en notre cabinet, à........., le sept janvier mil huit cent soixante-quatre.

F. ROCQUEMONT.

CONSULTATION OFFICIEUSE

SUR UNE OBLIGATION ARGUÉE DE SURCHARGES

Nous, soussigné,

Paul-Ferdinand Rocquemont, calligraphe-expert près les tribunaux, demeurant à Rouen, rue de la Grosse-Horloge, n° 87,

Avons reçu en notre cabinet communication d'une obligation de la somme de *cinq mille francs*, datée de Rouen le 22 juillet 1857, signée E. B... et garantie par M. V. R..., avec prière de vouloir bien à titre officieux examiner cette pièce avec soin, pour rechercher :

1° Si les mots constituant l'année d'exigibilité de la créance n'ont pas été surchargés après grattage préalable ;

2° S'il est possible de déterminer quel était l'état primitif et les mots avec lesquels on a fait *soixante-quatre*.

Après avoir examiné avec la plus minu-
tieuse attention les mots *soixante-quatre*
placés au milieu de la 4e ligne de ladite
obligation qui fait question, nous nous
croyons déjà suffisamment éclairé pour
dire : OUI, les deux mots *soixante-quatre*
ont été surchargés.

En effet, en examinant avec soin le mot
soixante, on distingue parfaitement qu'un *s*
a été tracé sur un *c* |, un *o* à l'aide d'un *i* |,
une moitié d'*x* sur la dernière partie
d'un *n* | accolé contre un *c* primitif pour en
faire un *x*, et que la fin du mot *ante* | n'a
pas été surchargée, par la raison qu'elle a
pu servir à la modification. Ainsi, ce mot
cincante, très-mal orthographié primitivement, a été surchargé sans grattage préalable, comme nous venons de le démontrer,
pour en faire le mot *soixante*.

En examinant le mot *quatre* on voit tout
d'abord qu'il y a eu grattage ; ce qui le
prouve d'une manière irrécusable, c'est
qu'en élevant le papier et le regardant à
travers le jour, on distingue très-bien que
la partie supérieure d'une lettre a été forte-

9

ment grattée entre la troisième et la quatrième ligne, au point qu'à cet endroit le papier a été mis presque à jour, ce qui indique d'une manière positive qu'il y avait avant cette opération une lettre longue, comme un *h* | par exemple.

La première partie du *q* formant *o* a été ajoutée devant le jambage de l'*h*, et ce jambage, gratté du haut seulement, a été prolongé par le bas, et ce qui le prouve c'est qu'il n'a pas la même épaisseur, et de plus il a été très-maladroitement raccordé à la partie restée tracée dans le corps d'écriture.

Le premier jambage de l'*u* a été surchargé après grattage de la liaison qui servait évidemment à unir la deuxième partie de la lettre *h* qui existait avant cette fraude.

Le second jambage de la lettre *u* n'a pas été surchargé. L'*a* actuel est légèrement surchargé dans sa première partie, laquelle était le second jambage d'un *u* | primitif, lequel a été fermé à droite par une petite liaison courbe formant *o*. La deuxième partie de l'*a*, qui était un *i* | primitif, a été surchargée avec l'intention probable de

Rep^t.. *hui*

| *t*

───────

huit

faire disparaître le crochet triangulaire qui existait primitivement au *t* | final du mot *huit* ; ce *t* n'a donc pas été gratté. Quant aux deux lettres *re,* nous pensons qu'il n'y a pas besoin d'être expert pour voir qu'elles ont été ajoutées par une main coupable.

Nous ne croyons pas devoir pousser plus loin nos investigations ; les remarques et citations qui précèdent nous semblent assez concluantes pour nous permettre d'affirmer en notre âme et conscience que les mots de question simulant *soixante-quatre* ont été surchargés et qu'ils n'étaient primitivement autre chose que *cincante-huit* mal orthographié au mot *cinquante.*

En foi de quoi nous avons dressé la présente consultation, que nous affirmons sincère et véritable, à Rouen, en notre cabinet, le 3o janvier 1865.

F. ROCQUEMONT.

COURS DE PERFECTIONNEMENT

D'ÉCRITURE COMMERCIALE

MÉTHODE

F. ROCQUEMONT

Calligraphe-Expert & Professeur de Dessin

industriel

LEÇONS PARTICULIÈRES

de Calligraphie en tous genres, — de Géométrie pratique et de Dessin industriel pour la préparation aux examens, système d'enseignement suivant le programme adopté annuellement par le gouvernement.

Le prix des Leçons particulières est invariablement fixé à

3 fr. le cachet.

de la Société libre d'Émulation du Commerce & de l'Industrie
de la Seine-Inférieure

SUR LA MÉTHODE D'ÉCRITURE DITE RAPIDÉGRAPHIE

de M. F. ROCQUEMONT

« Il appartenait à un professeur aussi expéri-
« menté que M. ROCQUEMONT de reconnaître
« tous les inconvénients des anciennes méthodes
« de calligraphie ; aussi s'est-il livré aux recherches
« les plus minutieuses pour simplifier et améliorer
« cette étude. Il y est parvenu en recherchant dans
« la forme des lettres de l'alphabet les traits qui
« sont communs à plusieurs ; et ses exercices,
« étant disposés de manière à être plus répétés,
« activent nécessairement les progrès des élèves.
« Cette méthode, que l'auteur nomme RAPIDÉ-
« GRAPHIE, produit, en quelques leçons, de
« très-bons résultats, que nous avons été à même
« de constater en visitant les cours de M. ROC-
« QUEMONT. Les exercices qui nous ont été
« communiqués sont précédés d'un exposé lucide,
« où la théorie est à chaque instant justifiée par la
« pratique.

« Ajoutons qu'obéissant à une pensée toute phi-
« lanthropique, M. ROCQUEMONT a voulu
« faire jouir toutes les classes de la société du bien-
« fait de sa méthode. En conséquence, il a ouvert
« chez lui un cours gratuit pour les ouvriers, lequel
« a lieu annuellement deux fois par semaine ;
« ce cours, suivi avec assiduité, a déjà produit
« d'heureux résultats. En conséquence, la Compa-
« gnie accorde à M. ROCQUEMONT un diplôme
« et une médaille de bronze (1).

« LEQUESNE ✳, *Président ;*
« BRESSON, *Secrétaire ;*
« DEBONS, *Rapporteur.* »

(Séance publique du 6 juin 1845.)

---

(1) Le conseil supérieur de l'Institut polytechnique de Paris (1863)
et l'Institut scientifique de Londres (1866) ont confirmé ce jugement
en décernant de nouveaux diplômes d'honneur et de nouvelles médailles à M. F. Rocquemont pour le perfectionnement de sa méthode
et pour son enseignement public et gratuit.

UN AUTRE RAPPORTEUR AJOUTE :

« La méthode de M. ROCQUEMONT est très-
« simple et facile à saisir, même pour les personnes
« d'un âge avancé ; aussi elle est déjà bien appré-
« ciée par les chefs d'administrations et les ama-
« teurs de belle écriture cursive, qui la placent au
« premier rang. Après quelques leçons, les per-
« sonnes qui n'ont jamais écrit sont tout étonnées
« du résultat qu'elles obtiennent ; celles qui écrivent
« déjà apprennent un mode d'exécution qui régu-
« larise le mouvement de la main et qui conduit
« promptement à une belle et franche écriture com-
« merciale. — Nous ne saurions trop engager les
« travailleurs à profiter des avantages de cette
« méthode ; à cet effet, ils peuvent s'adresser au
« professeur, de 6 à 8 heures du soir, pour se faire
« inscrire gratuitement et recevoir une carte d'ad-
« mission. — Il n'y a absolument rien à payer, pas
« même pour les fournitures classiques. »

Extrait de la Revue de la Normandie

(6e Livraison)

Ayant eu l'occasion de visiter les Cours publics de M. ROC-QUEMONT et ayant vu la facilité surprenante avec laquelle écrivent ses élèves, nous sommes heureux de constater ici l'excellence de sa méthode d'enseignement. — Les exercices inventés par lui sont disposés de manière à rendre en très-peu de temps les élèves capables d'écrire avec aisance et rapidité. Enfin cette méthode abrége considérablement la durée de l'enseignement; aussi c'est à juste titre qu'elle jouît d'une grande autorité parmi les instituteurs ; ce qui le prouve, c'est qu'elle est déjà parvenue à sa 18e édition. M. ROCQUEMONT, qui l'applique dans ses Cours gratuits fondés par lui en 1845 et dans ses leçons particulières, en obtient les résultats les plus satisfaisants.

Pour généraliser l'utilité de cette méthode et aussi pour en faire un livre de bibliothèque, M. ROCQUEMONT vient de faire imprimer une brochure in-12 séparée des modèles et de donner à la suite du texte de sa méthode quelques notions en matière de *Vérification d'écriture*, lesquelles seront lues, nous le pensons, avec intérêt, car les ouvrages de ce genre sont d'une rareté si grande, qu'il est presque impossible de s'en procurer dans le commerce. M. P.

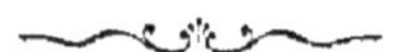

Extrait du Journal de Rouen
(21 août 1868)

M. Rocquemont, professeur d'écriture, continuera cette année les cours gratuits en faveur des ouvriers, qu'il a fondés en 1845.

Ce professeur fait chaque année de persévérants efforts pour initier le plus grand nombre possible d'adultes au bienfait de sa méthode d'enseignement.

Il fut l'un des premiers professeurs qui ouvrirent des cours gratuits pour les ouvriers et reçut à cette occasion plusieurs récompenses honorifiques, notamment en 1845, de la Société libre d'Émulation de Rouen.

Extrait du Nouvelliste de Rouen
(26 août 1869)

On sait que M. Rocquemont, professeur d'écriture, a fondé il y a quelques années, pour les ouvriers, des cours gratuits. Cette année, sur 28 élèves inscrits, 16 ont mérité des récompenses, qui leur ont été décernées par MM. les professeurs et membres de la Société libre d'Émulation de Rouen, présents à cette petite fête de famille.

Aussitôt la distribution des prix terminée, MM. Léon Vivet et Gully, professeurs et membres de la Société d'émulation du Commerce et de l'Industrie, ont adressé des félicitations sincères aux élèves en les engageant à persévérer et à fréquenter les cours gratuits professés dans notre ville.

Extrait de la Chronique de Rouen

(29 août 1869)

Faits locaux. — *Une Distribution de Prix comme on en voit peu*

En effet, une distribution de prix sans solennité et cependant très-sérieuse, une distribution de prix sans discours imprimé à l'avance, sans apprêts et sans la présence stimulante des familles, voilà ce qui se voit rarement et ce qui ne s'est peut-être jamais vu. Nous sommes loin de blâmer la pompe qui préside partout aux cérémonies de ce genre ; nous l'approuvons, nous en reconnaissons même la nécessité ; mais cela ne nous empêche pas de proclamer qu'une distribution de prix, modeste et sans apparat, a bien aussi parfois son attrait et son côté touchant.

M. Rocquemont, professeur d'écriture à Rouen, a fondé depuis 1845, spécialement pour les ouvriers, des cours gratuits d'écriture et de dessin linéaire. La gratuité est complète, puisque les élèves n'ont à payer aucune fourniture de plumes et de papier. Ces deux cours ont lieu deux fois la semaine, à neuf heures du soir, heure la plus favorable aux ouvriers ; aussi sont-ils suivis assidûment, et Dieu sait les services qu'ils ont rendus depuis vingt-quatre ans qu'ils existent.

Cette année, le professeur a eu l'heureuse idée de clore l'année scolaire par une distribution de prix. Sur 28 élèves, 16 ont obtenu des récompenses, consistant en médailles de bronze et en méthode d'écriture et de dessin linéaire. Ces récompenses étaient une consécration non-seulement de l'aptitude, mais aussi de l'assiduité. C'est cette dernière qualité qui, à notre sens, doit surtout recommander les lauréats.

Quitter son travail de huit à neuf heures du soir, oublier les fatigues de la journée pour venir s'instruire, c'est là une preuve de volonté intelligente qui doit être prise en considération. Voilà pourquoi nous ne pouvons résister au plaisir de publier le court *Palmarès* qui a fait tous les frais de cette distribution de prix :

ÉCRITURE ET DESSIN GRAPHIQUE, *1re division*. — 1er prix, M. Lauzé, tourneur-mécanicien à Saint-Sever, une médaille de bronze de 1re classe ; 2e prix *ex-æquo*, MM. Lettré et Lecroq, tourneurs sur métaux, ont mérité une médaille de bronze de 2e classe. — Accessit, MM. Briselet, employé d'assurance, et Alexandre, menuisier.

ÉCRITURE CURSIVE, *1re division*. — Prix unique avec mention très-honorable, MM. Hérincq et Certain. — *2e division*, 1er prix, M. Fauquet, imprimeur lithographe ; *ex-æquo*, MM. Pelvillain, Lecomte et Docquet. — Accessit, M. Feuilhe. — 2o prix, M. Mary, employé à l'octroi de Rouen, et M. Ernest Loué, commis-copiste d'assurances. — Accessits, MM. Saint-Germain et Lafosse.

M. Rocquemont, pour cette cérémonie tout intime, avait convoqué quelques membres de la Société libre d'émulation du Commerce et de l'Industrie, MM. Léon Vivet, Gully et Houssard, dont la compétence égale les sympathies pour l'enseignement populaire. Aussi, après M. Rocquemont qui, en quelques mots, s'était attaché à faire ressortir le mérite de chaque lauréat, et après la lecture du *Palmarès*, MM. Léon Vivet et Gully n'ont-ils pu s'empêcher de prendre la parole à leur tour pour encourager les élèves à persévérer dans la voie où ils sont entrés et à profiter autant qu'ils le pourront des cours publics et gratuits qui sont ouverts dans notre ville aux aptitudes et à toutes les spécialités. — Cette petite cérémonie, quoique dépourvue de tout caractère public, n'en a pas moins produit une excellente impression sur tous ceux qui y ont assisté. M. Rocquemont a le projet de la renouveler l'année prochaine, avec d'autres éléments d'émulation, que son désir sincère d'être utile saura bien lui faire trouver.

M. Rocquemont espère que ses lecteurs voudront bien l'excuser de les avoir entretenus de lui, en publiant à la fin de sa méthode ces quelques rapports authentiques, quand ils sauront que son seul but est de constater ici que la première édition de son système méthodique, ainsi que l'ouverture de ses cours gratuits, qu'il a constamment professés jusqu'à ce jour, datent de l'année 1845.

FIN

Rouen. — Imp. E. Benderitter, rue Ganterie, 16-18.

Prix de la **1re Partie de la Méthode.** — 10 Modèles avec texte imprimé en regard . . . . **1 fr. 50**

Méthode complète. — 34 Modèles avec le texte explicatif séparé . . . . **3** »

30 Modèles seuls, brochés. . . . . **2** »

Texte explicatif de la Méthode, séparé des Modèles. — 1 vol. in-12, contenant, en outre, une Esquisse historique sur l'Écriture et quelques Notions en matière d'expertise d'Écriture. . . **1 25**

Petit Cours d'Écriture à l'usage des Commençants. — 12 Modèles brochés, avec une couverture imprimée, contenant les principes élémentaires de cet art . . . . » **75**

Transparents, Calque & Copie libre pour apprendre tous les genres d'Écriture . . . . . » **10**

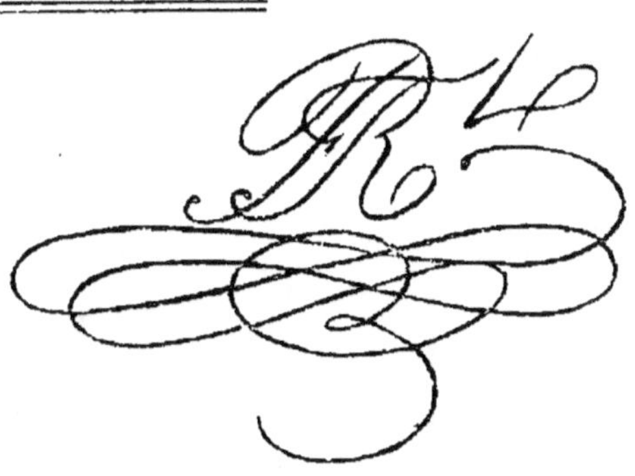

Les exemplaires non revêtus de mes initiales seront réputés contrefaits.

Deux **Cours de perfectionnement d'Écritures expédiée, ronde & bâtarde,** pour les jeunes personnes ont lieu annuellement chez le Professeur, trois fois par semaine: le premier, de 8 à 9 heures du matin; le second, de 7 à 8 heures du soir.

Prix : **20 fr.** par mois.

Imprimerie Typ. & Lith. Benderitter, rue Ganterie 16-18, Rouen.